〈原作〉の記号学

日本文芸の映画的次元

中村三春

七月社

［カバー・表紙写真］『心中天網島』篠田正浩監督、一九六九年　©表現社

〈原作〉の記号学——日本文芸の映画的次元　◉目次

はしがき

1　文芸の映画的次元

文芸テクストにおける映画的次元は、およそ次のような三つの方向から考えられる。

一つは、文芸、すなわち物語・戯曲・小説・詩などのテクストが、映画的な構想を持ち、あるいは映画化を想定して作られているなど、映画を創造の契機として含む場合である。当然これは近代・現代の文芸、それも映画が一般に普及した二十世紀以降の文芸に限られる。映画の登場が文芸にも大きな影響を与え、その衝撃がテクストに抜きがたく刻印されるようになった時代から、作家が積極的に映画人と協働して、相互にその協働の成果を作品として生産した時代、さらに、映画や他の映像メディアが日常的に周囲に溢れ、あたかも空気のようにそれとともにあることが常態となった時代と、繋がりの濃淡に違いはあっても、近代・現代の文芸は映画と同伴し、または切り離せない関係を培ってきた。それらのテクストに、幾つかの層に亙って映画と関わる契機が含まれてい

ることは意外ではない。それ以前の時代とは異なり、近代・現代の文芸は程度の差こそあっても、いわば映画的感受性を帯びた作家たちによって書かれたと言っても過言ではない。これは、文芸テクストに内在する映画的次元と言えるだろう。

しかしもう一つには、それ以前も含めて、時代にかかわらず、あらゆる文芸には映画的次元が認められるとも言えなくはない。なぜならば、そのような感受性は文芸テクストを生産する作家の側だけの問題ではなく、享受者の側においても身につけられるものだからである。すなわち、現代の文芸享受者は、自らに備わった映画的感受性をもって文芸テクストに対処し、テクストの中にそれと対応する映画的次元を求める。従って古代から近世に至る、映画の存在しなかった時代の文芸についても、それらを映画的な感覚で読み解いたり、映画的な場面として脳裡に再構成したり、あるいは、それを原作として映画化することを想像し、さらに映画化を企てたりもする。前述の内在的な映画的次元を帯びた近代・現代の文芸テクストの場合はなおさらである。享受者はテクストの映画的次元と呼応する形で、あるいはそれに挑戦する仕方で、自らの映画的解釈を深めようとするだろう。実に脚本家・監督などの映画人は、そのような文芸享受者の中の一人にほかならない。文芸映画、すなわち文芸テクストを原作とする映画を作る映画人は、読者と呼ばれる文芸享受者の中でも、つとめてこのような映画的次元に立つ人なのである。

そして、享受者の側におけるこのような実情を認めるならば、さらに次のような第三の次元も視野に入らざるを得ない。文芸テクストが享受され、解釈されることをテクストの実現ととらえると

すれば、現代において文芸が実現される一つの重要な水準として、映画を考えることができる。すなわち、映画作品自体が、文芸テクストが実現される一つの次元となるのだ。文芸テクストが原作として映画化されることは、その享受や解釈の一形態にほかならない。文芸にとって不可欠の過程である、読書・読解・解釈・批評・研究などと同じく、文芸原作の映画化もまた文芸の実現の一つなのである。もちろん、文芸映画なるものを、原作を映画に単純に移したとか、原作の必然的な構築の帰結として成立したものとして考えることはできない。実際、そのようなことはない。言語上の読解や解釈がそうであるように、あるいは批評や研究がそうであるように、映画は原作を解きほぐし、織り直して別のものに変異させる。質・量において多様な程度の差はあっても、文芸映画は原作の中に、それまでは見えていなかったあるものを発見し、それまでは存在していなかった何ものかを付け加え、文芸をまさに映画的次元において新たに実現するのである。原作と映画との間の関係が単純な移行のプロセスではなく、多様な関わりを伴うという含意を込めて、このような関係のあり方を〈原作現象〉と呼ぶことができる。

このように、文芸の側から見た場合、①テクストに内在する映画的次元、②テクスト享受における映画的次元、③テクストの実現としての映画的次元が認められる。同じ〈原作現象〉を、映画の側から見て、カテゴリー構成を反転し、映画のテクストと文芸的次元との関わりとしても理解できるだろう。いずれにしても文芸と映画との関わりは、実体的にも理論的にも軽視しえない重みを持っている。

2　本書の構成

本書は、日本文芸における映画的次元に留意しつつ、文芸原作を持つ第二次テクストとしての映画を、理論的また分析的に研究したものである。序説「文芸の様式と映画の特性」においては、この三つの映画的次元を念頭に、川端康成原作・豊田四郎監督の『雪国』（一九五七）を対象として、本書全体の理論的な枠組みを提示する。『雪国』はそれ自体が映画的表現を含み、作者の川端は映画界とも関わりが深かった。このテクストが映画化されることによって、女性の生き方という、原作にも示唆されてはいるものの顕著にクローズアップされてはいなかった要素が大きく拡大されることになった。それは豊田監督の様式であるとともに、一九五〇年代の日本文芸映画の特徴にも合流し、またそのことによって、第二次テクストとしての系譜に位置を占めながらも独特のオリジナリティをも確保する結果を生み出したのである。このような事情は、本書で取り上げる他の作品の場合にも通じる代表的な事例となっている。

続く第Ｉ部では、特に理論面に留意して、文字通り「〈原作現象〉の諸相」を問題とする。第一章「〈原作〉の記号学」においては、異質な媒材間の変換としての文芸から映画へのテクスト変換において、何が起こるのかを検証し、ジェラール・ジュネットの『パランプセスト』の理論を準用して、原作が複数存在する場合である《複数原作》、原作の原作へと遡行する《遡及原作》の類別

を行い、黒澤明監督の『羅生門』（一九五〇）や成瀬巳喜男監督の『浮雲』（一九五五）の事例を検討するほか、特に豊田四郎監督の『夫婦善哉』（一九五五）と浄瑠璃との関わりについて考証する。第二章「《複数原作》と《遡及原作》」は、それらの理論を溝口健二監督の『雨月物語』（一九五三）と、さらに遡って中国・日本の古典文芸、特に能・謡曲との繋がりを例として検証し、第三章「古典の近代化の問題」では、溝口健二監督の『近松物語』（一九五四）に即し、映画が古典を近代化したと言われる事態の内実について考える。第四章「〈原作〉には刺がある」は、木下恵介監督の『楢山節考』（一九五八）を対象として、原作と映画との双方向的な関係について改めて分析を加えるとともに、原作とされるものが拵えものである《捏造原作》の類別についても言及する。

後半の第Ⅱ部では、「展開される〈原作〉」のタイトルの通り、第一部で確認した〈原作現象〉の理論を適用して、より自由に文芸映画の分析を展開する。第Ⅰ部で取り上げたのは概ね一九五〇年代の映画であったが、第Ⅱ部でも最初の二章では同じ時代の作品群をターゲットとする。第五章「意想外なものの権利」では、まとまった研究書の多いとは言えない今井正監督による映画のうち、『山びこ学校』（一九五二）と『夜の鼓』（一九五八）とを取り上げ、リアリズムの枠組みには収まり切らない映画様式のあり方を、〈原作現象〉の場において究明する。第六章「反転する〈リアリズム〉」では、豊田四郎監督の『或る女』（一九五四）を問題として、原作に関する「女房的リアリズム」（平野謙）という見方を相対化する要素を映画的次元において見出す。第七章「擬古典化《アルカイスム》と前衛性」は、篠田正浩監督のＡＴＧ映画『心中天網島』（一九六九）を、近松門左衛門の原作との関

わりにおいて、人形劇への擬古典化とブリコラージュ（器用仕事）の観点から、希有のアヴァンギャルドな映画として再評価する。第八章「混血する表象」では、やや視点を変え、トニー・オウ監督の『南京の基督』（一九九五）を、芥川龍之介の原作に対して独自の解釈を施し、その地政学的な国際性を炙り出し、メロドラマ原理によって作り上げた作品として分析する。

最後の「展望　第二次テクスト論の国際的射程」においては、結論に代えて、文芸の映画化のみならず、翻訳を中心とする第二次テクストの国際的な流通について、村上春樹の原作を映画化したロバート・ログヴァル監督の『神の子どもたちはみな踊る』（二〇一〇）と、小川洋子作品の映画化であるディアーヌ・ベルトラン監督の『薬指の標本』（二〇〇五）を取り上げて展望する。この「展望」においては、酒井直樹の「対《つい》―形象化」の理論が、翻訳や映画などの第二次テクスト理論とどのように結びつくのか、その新たな展開を試み、併せてデイヴィッド・ダムロッシュの「世界文学」の問題について、このような見方からの批評を行う。

3　第二次テクスト理論

本書はいわゆる映画史的な研究ではなく、理論追究と個々の作品研究に主眼を置くものである。〈原作現象〉を取り扱う理論は、上位においては、第二次テクスト理論（the secondary text theory）に合流する。すなわちテクストには第二次性の次元が存在し、相対的に第一次テクストからの変換

（conversion もしくは adaptation）としてのあり方の水準での理解が可能である。なおこの場合の変換とは、自動的・機械的な変形や組み替えを決して意味しない。本書を通じて、第二次テクスト現象における変換や変異（variation および・または mutation）は、第一次テクストを契機とする新たな創造の要素を伴う現象として認識され、またそれが契機となる程度は質・量ともに多様な広がりを見せる。その程度は、漠然とした影響や模倣から、新規な解釈や拡大・削除などの大幅な改変にまで及ぶ。またこの変換は、必ずしも一方向的な移し換えではない。第二次テクストの出現によって第一次テクストが全く新たな相貌を示す場合、物理的にはあり得ないことながら、第二次テクストの方が第一次テクストに影響を与えたように見えることとさえある。その場合、テクストの理解は遡行的に行われる。そして言うまでもなく、第一次テクストと呼ばれるものも、顕示的と潜在的との差はあっても、いずれも常に既に第二次テクストにほかならない。従って第二次テクストの理論は、さらにテクストの理論一般へと帰結する。このように第二次テクスト理論は、テクストの構造論や様式論、さらには作品のオリジナリティの感覚にも根底的な再検討を迫ることになるだろう。総じて本書の論調は、原テクストの変換・変異として理解できるテクストが、確実に第二次的でありながら、にもかかわらずかけがえのない固有性をも相貌として帯びることを示し、そのことによって伝統的に培われてきたオリジナリティという観念に挑戦する性質のものである。

第二次テクスト理論が専ら対象とする外延としては、翻案・改作・パロディ・本歌取など、小説・物語・戯曲・詩歌等の同一ジャンル内および異なるジャンル間に跨がる、同一言語内および異

言語間の変換、翻訳に代表される異言語間の変換、それらの複合、さらに異質な媒材間の変換である文芸原作の演劇・TVドラマ、そして映画など、幅広いフィールドが考えられる。また、ジャンルと媒材を問わず、異なる言語間における変換の様相は、比較文学の研究課題とも重なる。筆者はこれまで、主に同一および異なる言語内における変換について、『フィクションの機構』(一九九四・五、ひつじ書房)、『花のフラクタル――20世紀日本前衛小説研究』(二〇一二・二、翰林書房)、あるいは『〈変異する〉日本現代小説』(二〇一三・三、同)などの著作において、立原道造・太宰治・中上健次・金井美恵子らのテクストを中心として考究してきた。本書ではそれらにおける第二次テクスト理論を、文芸と映画という、異質な媒材を持つジャンル間の変換に拡張することを試みる。

本書は、主として理論的な見取り図を、序説と第I部第一章「〈原作〉の記号学」において描き、その後の第I部においては緩やかな連関の下に論述を展開する。この理論的な流れは、最後の「展望　第二次テクスト論の国際的射程」へと続いて一応の完結を見る。その他の第II部の各章は、専ら題材とする作品についての個別的な研究としての性質が強い。そのことを念頭に置いていただければ、読者は本書をどこから読まれても構わない。また、各章において取り上げる主な映画作品の概要については、巻末の「対象映画作品の概略」に簡略な形でまとめてあるので、随時参照されたい。

序説

文芸の様式と映画の特性

豊田四郎監督『雪国』

はじめに

本書の研究課題は、主に一九五〇年代の日本映画を中心として、文芸、殊に日本の文芸がどのように取り上げられているか、その諸相の追究を行うことである。その課題とは、単に文芸の原作と映画との違いを明らかにすることではない。原作に基づく映画は、元々あったテクストを解釈し、改編して作り直す第二次テクストであり、いわゆる二次創作・翻案・改作・翻訳などと肩を並べる所作である。第二次テクスト、たとえば原作のある映画は、常に原作よりも価値の劣ったものだろうか。もちろんのこと、経験則に照らしてもそうとは言えない。またそもそも、原作と呼ばれるテクストもある日突然、出現したものではなく、先行するテクストから作られるものである。このように見る場合、すべてのテクストは第二次テクストであり、映画は文芸とは異なったメディアによ

って実現される第二次テクスト以外ではない。文芸・芸術・文化はすべてこのような二次創作の連鎖の中で創り出される。オリジナリティとは、それが第二次テクストであるか否かによるのではなく、受容の様態、たとえば解釈との関係によって見出される何ものかにほかならない。その中で、映画が原作に新たな生命を与え、それまで見えていなかった原作の新しい側面を切り出すことがある。映画と原作とを相互関係において分析することは、まさにこうした相乗効果において両者を再評価することに導く作業である。この章では、本書全体の見取り図をも兼ねて、その様相を川端康成（原作）の『雪国』において探ってみよう。

1　小説『雪国』の映画性

一九二六年の『狂つた一頁』（新感覚派映画聯盟）以来の、川端と映画との深い関わりについては、特に十重田裕一の研究によって明らかにされている。[1]十重田は『狂つた一頁』の製作に川端がどのように関与したかを逐一明らかにし、また川端初期の小説「浅草紅団」や「水晶幻想」について、その文体に映画のカッティングやモンタージュの要素が「断片性」と「連続性」の効果を与えていたことを分析した。[2]さらに十重田は、後述する川端の代表作『雪国』冒頭の「映画の二重写しのような」場面と、結末の繭倉で「映画のフイルムから火が出た」場面についても、映画的な技巧としてとらえている。「映画の二重写し」の場面は、十重田によれば、「川端が出発期からこだわってい

た『主客一如』の『象徴世界』、外部と内部の世界の融合というモチーフを、映画表現のイメージに託して描出した」と理解されている。[3] これらは貴重な指摘である。ただし、それらは川端文学の文体や表現において、映画的な手法がどのように取り入れられたかに重点が置かれていて、映画化された作品の側からの検証作業は現在も進行中であると言わなければならない。川端の小説作品のうち、最も多く映画化されたのは『伊豆の踊子』であり、一九三三年から一九七四年までに六回映画になっている。そのほか、『浅草紅団』（一九三〇）や「有りがたうさん」（一九三六）などの戦前期の作品、『雪国』（一九五七、一九六五）、『千羽鶴』（一九五三、一九六九）、『山の音』（一九五四）、『古都』（一九六三）、『美しさと哀しみと』（一九六五）、『女のみづうみ』（一九六六）、『眠れる美女』（一九六八）など、多数の作品が映画化されている。[4] ちなみに川端は映画の要素を作品に取り入れただけでなく、自作の映画化を歓迎し、よく撮影現場にも足を運び、時には演出やセットにも助言をしたということも知られている。[5] そのような意味も併せて、やはり川端康成こそ、文芸と映画との相関に関して、この現代という時代の申し子であったと言うべきだろう。

さて、川端の代表作を挙げよと言われれば、多くの人は『伊豆の踊子』と並んで『雪国』と答えるだろう。戦前期、島村という妻子ある男が東京から雪国へ旅をして、芸者駒子と馴染みになり、三年の間、三回に亙って訪れる物語である。川端が一九六八年にノーベル文学賞を受賞した際、『千羽鶴』『古都』とともに代表作として題名を挙げられた『雪国』は、二度、映画化されている。一九五七年の豊田四郎監督作品（東宝）と、一九六五年の大庭秀雄監督作品（松竹）である。ここ

で主として取り上げる豊田監督映画は、脚本を多くの豊田作品を手掛けた八住利雄が担当し、島村を池部良、駒子を岸惠子、葉子を八千草薫が演じている。これは白黒映画である。一方、大庭監督作品の方は、脚本は斎藤良輔と大庭監督の共同脚本で、島村は木村功、駒子は岩下志麻、葉子は加賀まりこである。こちらはカラーである。ここでは二つの映画を比較対照することに重点は置かないが、必要な限りにおいて大庭監督作品をも参照することにしたい。

さて、このように川端文芸と映画との関わりは深いのだが、その実情は、小説の映画化という観点からすればいささか単純ではない。小説も映画も成熟したジャンルであり、ほとんど無限と言えるほどの可能性を持っているが、小説の映画化は、ほとんどの場合、単にジャンル間において物語をすんなりと移行する作業にはならない。文字のみによって表現する小説と、主として映像と音響によって表現する映画とでは、媒材が大きく異なっている。それだけでなく、第二次テクストとしての映画は、原作である小説に対して新たな解釈や改作を加えることが普通に行われる。文学と映画とのこのような距離感から、それらの間には「絶対的な差異」があり、比較することは「正しい姿勢とはいえない」と蓮實重彥は述べている。[6] そしてさらに、川端の作品は、言語芸術としての文学であることによって最高度の価値を持つように構築されていて、その重要部分は、容易に映像に変換することはできない。むしろ、その意味では川端文学と映画との関係こそ、蓮實の言う「絶対的な差異」の典型であるとも言える。要するに川端文学の真髄は、映画化することが困難であるということになる。

ただし、そのことを検証する前に、右の十重田の研究によって既に明らかにされているように、映画の手法を小説創作の手法に取り入れていた川端が、『雪国』においてもそれを実践していたことは確認しておかなければならない。改めて該当箇所を引用すると、それぞれ冒頭と結末近くの次のような一節である。[7]

①

鏡の底には夕景色が流れてゐて、つまり写るものと写す鏡とが、映画の二重写しのやうに動くのだつた。登場人物と背景とはなんのかかはりもないのだつた。しかも人物は透明のはかなさで、風景は夕闇のおぼろな流れで、その二つが融け合ひながらこの世ならぬ象徴の世界を描いてゐた。殊に娘の顔のただなかに野山のともし火がともつた時には、島村はなんともいへぬ美しさに胸が顫へたほどだつた。

②

駒子は声を張りあげて、

「あんた、繭倉あ？」

「繭倉だあ。」

「怪我人は？　怪我人はないの？」

「どんどん助け出してるんだあ。活動のフイルムから、ぼうんといつぺんに燃えついて、火の廻りが早いや。電話で聞いたんだ。あれ見ろい。」と、番頭は出会ひ頭に片腕を振り上げて行つた。

これら、夜汽車の窓ガラスが鏡になる二重露出の着想や、繭倉で映画の上映から火事が出る場面などが映画と関係が深いこと、また豊田監督作品とそれらとの繋がりについては、映画研究の側からも四方田犬彦が既に論じている。[8] 四方田は二重露出が『狂つた一頁』において多用され、「映像という映像が回転する円環という形態のもとに互いに強い隠喩的関係を結びあい、しかもそれが最終的には偉大なる虚無に到達するという逆理が実現されている」と解釈する。そしてそれが『雪国』においても右の場面において実現され、しかも①においては窓ガラスに映る葉子の顔が「野山のともし火」と重なることから、「葉子と炎との隠喩的な関係」が暗示され、それが結末②の「彼女が炎と煙に包まれて落下するくだりで大きく反復されている」と見なしている。四方田によれば、それは「映画がもっている修辞を、文字言語においても適用できないかという実験」であったとされる。

右のような十重田と四方田の言及により、小説『雪国』の映画的な表現については概ね明確になったと言えるだろう。このことを映画『雪国』の側から検証してみると、問題とされている二つの場面、すなわち作品冒頭における列車の窓ガラスの二重露出の場面と、結末の繭倉の火事の場面は、

確かに映画に取り入れられている。豊田監督作品は、小説と同じく、二回目に雪国を訪れた時に、最初の訪問の記憶がフラッシュバックとして蘇るように作られている。ちなみに大庭監督作品の方は、一回目、二回目、三回目の訪問というように、出来事の順序に従ってストーリーが展開する。しかしこの二つの場面はどちらにもある。二つの場面以外では、原作にある縮織り《ちぢみお》（越後・小千谷の名産）の生産や、原作ではあまり大きく書かれていない二月一四日の鳥追い祭の場面が、映画ではいずれも印象深く撮られている。特に、豊田作品では鳥追い祭の夜の場面が、その日に来ると手紙に書いてきた島村を待つ駒子の心情を投影するように、白黒であるだけにいっそう美しく映えると言うべきだろう。このように、映像になりやすい場面は、原作の記述が少なくても、映画では大きく取り上げられているのである。

2　小説『雪国』の文体と映画化

一方、川端の小説は、省筆や婉曲表現、あるいは引喩や換喩によって出来事や事態を明示ではなく暗示するものであり、物語は隠喩や寓意に富んでいる。また、語りの主体と対象の在りかが明確につかめない文章が極めて多い。要するに非常に曖昧で不明確な、朧化された文体であり、その曖昧さが言語芸術としての魅力に通じている部分が大きい。そして、その典型が『雪国』であるとは、つとに言われていることである。

中山眞彦は、『雪国』の原文とフランス語訳とを詳しく比較検討した。[9] それによれば、フランス語訳では、島村が作中人物として客体化され、島村の感覚として対象化されるように語られるのに対し、川端の原文では、島村の感覚を語り手が語り直し、島村も他の人物も含んだ作品の根源に存在する主体の感覚として表現されているとする。島村らの人物は畢竟、単なる符牒に過ぎず、あらゆる個人的欲望を超越した世俗の世界からの美による救済が、作者自身の自己投入をも含めて『雪国』の根源にあると中山は述べる。最終的に中山は、「『雪国』というテキストは、一組の男女の情話を、［……］民族の伝説と宇宙観にまで合体させるような規模のものだということである」とまで論じる。ここではこの中山説の当否を明らかにする用意はないが、この解釈が妥当か否かは別として、少なくとも映画ではそのような境地は実現されていない。中山説はその論中でも示唆されているように、ある程度までは日本語論であって川端作品でなくても言えることのように思われるが、相当の部分は確かに川端独特の文体の問題を的確にとらえている。『雪国』は、日本語小説の文体という観点から見ても、一種、えも言われぬ作品であることは衆目の一致するところだろう。

比喩表現の例として、原作には駒子の唇を蛭に喩える表現が二度ほど出てくる。そのうちの一つは次の箇所である。

女の耳の凹凸もはつきり影をつくるほど月は明るかつた。深く射しこんで畳が冷たく青むやうであつた。

駒子の唇は美しい蛭の輪のやうに滑らかであつた。

「いや、帰して。」

「相変らずだね。」と、島村は首を反つて、どこかをかしいやうで少し中高な円顔を、真近に眺めた。


「駒子の唇は美しい蛭の輪のやうに滑らかであつた」とは、直喩指標「のやうに」を伴う直喩であり、その比喩の内実としては、「駒子の唇」と、「美しい蛭の輪」とが、共通に「滑らか」というクラスに属するメンバーであるとする、いわば提喩的な直喩である。[10] これはまた省筆あるいは婉曲表現でもあり、なぜ滑らかと分かったかといえば、それは島村と駒子がキッスをしたからであるが、その様子は省略され、婉曲に表現されている。[11] ちなみに、フランス語訳ではこの表現は訳出されていない。[12]

また省筆と換喩的表現としては、たとえば、次のような箇所がある。


いきなり島村の首に縋りついて取り乱しながら、

「あんた、そんなこと言ふのがいけないのよ。起きなさい。起きなさいつてば。」と、口走りつつ自分が倒れて、物狂はしさに体のことも忘れてしまつた。

それから温かく潤んだ目を開くと、

「ほんたうに明日帰りなさいね。」と、静かに言つて、髪の毛を拾つた。

「それから温かく潤んだ目を開くと［……］髪の毛を拾つた」とは、髪の毛が散らばるようなことをしたのだが、その行為の描写は省略され、その結果としての髪の毛を拾う行為をその代わりに描写している。[13] これは因果関係に基づく比喩、あるいは、行為の中心をその行為の周辺によって示唆する比喩としての換喩の表現に近い。実は、隠喩・換喩・省略などは、映画の表現としても珍しくはない。また、中山が指摘したような川端的な文体も、たとえばジル・ドゥルーズは、映画における自由間接文体について論じ、作者にも人物にも帰属しない映像が彼らの間を移動するような映画について述べていた。[14] しかし、豊田らの映画作家は、川端のこうした繊細な文体はいっさい映画化することがなかった。なるほど、どのような形であれ映像に蛭を取り入れるのは、不可能ではないかも知れないが、シュールレアリスムなどの前衛的様式でもなければ、相当に難しいことだったろう。とはいえ、そうであるとしても川端作品の生命の一斑が確実に文体や表現にあるとすれば、それを取り上げなかった映画は、それでは原作に対していかなる位置を占めるのだろうか。

3　映画『雪国』の結末

日本映画はその初期から数多くの日本文学作品を映画化してきたが、その傾向は戦後において特

に著しい。ヴェネチア映画祭でグランプリを取り、日本映画が世界で認められるきっかけとなった黒澤明監督の『羅生門』(一九五〇)は、芥川龍之介の小説「羅生門」および「藪の中」を原作とする。同じく世界的に評価の高い溝口健二監督は、『お遊さま』(一九五一、原作は谷崎潤一郎「芦刈」)、『武蔵野夫人』(同、大岡昇平原作)など近代小説原作のほか、『西鶴一代女』(一九五二、井原西鶴原作)、『雨月物語』(一九五三、上田秋成原作)、『山椒大夫』(一九五四、森鷗外原作)、『近松物語』(一九五四、原作は近松門左衛門『大経師昔暦』)などの古典文学を次々と映画化した。そのほかにも多くの監督が日本文学を原作とする映画を製作した。一九五〇年代だけでも、日本文学を原作とする映画の数は二〇〇〇作に達しなんとするほどである。[15]

中でも『雪国』を撮った豊田四郎は、戦後のいわゆる文芸映画の代表的な監督である。豊田監督は、森鷗外原作の『雁』(一九五三)、有島武郎原作の『或る女』(一九五四)、志賀直哉原作の『暗夜行路』(一九五九)、永井荷風原作の『濹東綺譚』(一九六〇)など、およそ日本文学史の教科書に必ず出てくる有名作品を次々と映画化した。豊田は一九二〇年代から映画を撮り、一九七〇年代に至るまで活躍した監督である。一九五五年に発表された東宝映画『夫婦善哉』(一九五五)は、織田作之助の小説を原作とし、大阪を舞台として、女に寄りかかって生きる男と、その男を支えながらしたたかに生きる芸者の二人三脚の生き方を、森繁久彌と淡島千景の名演で描き、この年のキネマ旬報ベストテンの二位を獲得した。[16] この映画は脚本が八住利雄、音楽が團伊久磨で、『雪国』の陣容と同じ豊田監督の代表作である。この豊田監督が、戦前から一貫して高い人気を誇った作家・

川端の代表作に目をつけたのは自然な成り行きと言えるだろう。

ところでこの監督、あるいは戦後の文芸映画において大きく特徴的なのは、女性の生き方に重点を置いた点である。小説『雪国』は、先の中山の解釈などによれば、女性人物は無意味ではないものの、女性よりは島村、それよりも作品、さらに最終的には川端の根源的な境地が問題とされている。中山はフランス語訳が作中人物像を明確化しようとしたことに触れ、「これに対し日本の読者は、［……］まさに『雪国』の中心に作者の姿を見て来たのである。これを私小説的と言うならば、私小説的な読み方こそが日本文学の主流である」と述べる。[17] それに対して、二つの映画『雪国』においては、女性、特に駒子の存在感は非常に大きい。どちらも、見終わった後に印象に残るのは駒子像以外ではない。特にそのことの顕著なのが豊田監督作品である。

この映画は、オープニングのタイトルバックに列車がトンネルを抜けて雪国に入る映像が用いられているほか、先に述べたように、フラッシュバックを用いるなどした結果として、大略、小説とほぼ同じ物語の順序で展開していると言える。また駒子と島村が繋がって行く経緯や、葉子を交えた一種の三角関係の成り行きも、映画は小説と同じように進行させている。ところが、後述のように映画では結末に至って驚くべき設定が観客を待ち受けている。原作は繭倉で映画が上映され、そこが火事となり、葉子が繭倉から転落し、運ばれて行く次のような場面で終わっている。

あつと人垣が息を呑んで、女の体が落ちるのを見た。［……］

「あゝつ。」

駒子が鋭く叫んで両の眼をおさへた。島村は瞬きもせずに見てゐた。

落ちた女が葉子だと、島村も分かつたのはいつだつたらう。〔……〕

人垣が口々に声をあげて崩れ出し、どつと二人を取りかこんだ。

「どいて、どいて頂戴。」

駒子の叫びが島村に聞えた。

「この子、気がちがふわ。気がちがふわ。」

さう言ふ声が物狂はしい駒子に島村は近づかうとして、葉子を駒子から抱き取らうとする男達に押されてよろめいた。踏みこたへて眼を上げた途端、さあと音を立てて天の河が島村のなかへ流れ落ちるやうであつた。


この結末により、小説においては、ストーリー的に何ら完結を迎えないまま幕切れとなっているように感じられる。しかし、イメージにおいてはどうだろうか。原作の結末で、火事とともに重要な表現を構成するのは天の河の描写である。右の引用に先立つ場面において、繭倉火事の報を聞いた島村と駒子は外へ飛び出す。すると、その空には天の河が広がっている。

「天の河。きれいねえ。」

駒子はつぶやくと、その空を見上げたまま、また走り出した。

ああ、天の河と、島村も振り仰いだとたんに、天の河のなかへ体がふうと浮き上つてゆくやうだつた。


この天の河の描写は、ここからしばしば点綴され、先の引用のように最終部においても明記される。しかし、原作において重要なこの天の河の描写は、映画においては一切現れることがない。これは豊田監督作品のみならず大庭監督作品においても同じである。この叙述も、先に述べたような映画に採用されなかった『雪国』固有の小説的表現の一つに数え入れることができるだろう。

この天の河表現は、どのような意味を持つのだろうか。蚕は漢字で天の虫と書く。たとえば森敦の『月山』(『季刊芸術』一九七三・七)では、このことから蚕は繭の中で天を夢見るというイメージが語られている。繭倉が燃え上がる火事のはるか上で、空には天の河が広がっているという情景は、この小説の結末で、物語ではなくイメージによって一種のカタルシス(浄化)が行われたことを意味する。「さあと音を立てて天の河が島村のなかへ流れ落ちるやうであつた」。すなわち、島村のこの雪国における滞在、つまり仮初めの愛情は天上的なイメージによって昇華され、それによってこの小説における精神的な浄化は最終的に完成されるのである。だが、このイメージを取り入れなかった、あるいは取り入れることのできなかった映画は、このままではカタルシスを迎えることができない。その代わりに導入された設定によって、映画の終わり方は、原作の小説とは全く異なった

ものとなった。

すなわち、火事に遭った葉子は顔の半分に火傷を負い、そのために人目をはばかり、家から外へ出られない設定になっている。酒を飲んで帰り、芸者仕事に出るために着替えをしようとする駒子が電灯を点けたことに対して、葉子が「消して！　あたしは、こんな顔になってしまって、もう、どこへも行けやしないんだわ」と言うと、駒子は「あんた、まだあたしのこと許してくれないんだね」と答える。すなわち葉子は、葉子が愛し、自身は駒子を愛していた行男に対して、駒子が冷たく対応したことで駒子を憎んでいた。だが、今や葉子は、当時の社会では駒子に頼って生きるしかない状況に追い込まれている。そのため、口では駒子に辛く当たるものの、心では駒子を頼りにするほかにない。駒子も、いつか葉子は自分の重荷になるのではないかと以前から危惧していたのだが、実際にそうなった今、だからといって葉子を見捨てることはできない。

二人の女性とも、一度は東京に出たことがあり、二人とも、できれば島村とともに上京したいと思っていた。だが、駒子にとっては、妻子のある島村は心底から信頼できる相手ではなく、葉子も今となってはもう身動きができない。こうして、生きて行くために芸者稼業を続ける駒子に葉子は芸者の道具を渡し、「駒ちゃんが帰ってきたら、私はいる。ここにこうしているわ」と叫び、駒子もそれをかみしめるような表情で受け止めて仕事に出る。ちなみに、公表されているシナリオと映画は細部に亙ってかなり異なっているが、シナリオではこの場面に、「帰ってきても、わたしはいるわ、ここにこうして坐っているわ……（と、ふり向かず）ごめんなさい」と、明確に葉子が駒子

に詫びる言葉が添えられていた。[18]

自分の許を去った島村の手紙をカフェで読みながら、昼から酒に酔い、葉子とのやり取りの後、夕刻、降りしきる深い雪道を踏みしめ、三味線の箱を提げて仕事に出て行く駒子こと岸恵子のやや長めのエンディングは痛切である。しかし、このような仕方でこの二人の女性は、この雪国において着実に生きていくのである。ちなみに、大庭秀雄監督の方は葉子が火傷ではなく目をやられて失明の可能性があるという幕切れとなっている。

4　女性映画としての『雪国』

いったい、このような結末はどうして出てきたのか。その理由はおおよそ二つ挙げられるだろう。一つは、駒子の向上心であり、これは原作にも既に存在していたものである。駒子は日記を書いているほかに、小説をたくさん読み、その内容や感想を雑記帳に書いて溜めていた。島村はそれを知って、「徒労だね」と言うが、他方では「彼女にとってはそれが徒労であらうはずがない」とも知っている。駒子はまた、見もしない映画や芝居の話をするのが好きである。つまり、彼女は知的好奇心に富んだ女性なのだ。島村がそれをあえて徒労だと言うのは、「なにか反つて彼女の存在が純粋に感じられる」という彼自身の志向・性情の表現に過ぎない。その知的好奇心が彼女の生に何をもたらしうるかは未知数とはいえ、彼女の生き方の大きな特徴となつていることは決して否定でき

ない。

言うまでもないことだが、駒子の性格は、島村のそれとは異なるものである。この挿話は、実はこの『雪国』という小説が、島村や語り手や作者の精神的境地によって統一されている予定調和の世界ではなく、駒子がその調和を突き破って躍動する部分のあることを示している。そのことは、駒子が三味線や地唄を、地元には師匠がいないために楽譜を読んで独習し、高い技量を習得していることからも窺われる。語り手も三味線について、「島村には虚しい徒労とも思はれる、遠い憧憬とも哀れまれる、駒子の生き方が、彼女自身への価値で、凛と撥の音に溢れ出るのであらう」と語るほどである。また駒子は、結末で島村が東京へ帰ることに触れ、「あんたが行つたら、私は真面目に暮らすの」とも言っている。彼女は、いわゆる男で身を持ち崩すタイプではなく、その傾向を持ちながらも、最終的には自分の人生を自分で切り開いていく女性である。そう読むならば、豊田映画の結末は、原作にも存在する駒子の強い性格を、設定上、あえて葉子に火傷を負わせ、葉子と自分の生に厳しく向き合う駒子の姿を描き出すことによって、この上もなく明確に表現しえたと言えるのではないだろうか。逆に言えば、映画がこのように作られたことにより、原作のそのような面が、新たな解釈によって初めて見えるようになったのである。さらに返す刀で、この解釈は、先の中山眞彦による根源的境地の理解が、その点においては必ずしも十分なものではないことをも浮かび上がらせるのではないだろうか。

もう一つは、監督豊田四郎の、あるいは戦後の日本文芸映画の様式である。豊田監督は前に述べ

たように膨大な数の文芸映画を撮ったが、その中には共通性があった。佐藤忠男はそれを「強い女と、弱い男との物語群である」と述べている。「これら頼りない男たちから決して救ってもらえないにもかかわらず、その不幸な境遇に気丈に耐える女は、やはり〔……〕淡島千景や高峰秀子（『雁』も）の他、岸恵子（『雪国』）や山本富士子（『濹東綺譚』）によって印象的に演じられた」と佐藤は述べている。[19] たとえば『夫婦善哉』では森繁久彌の柳吉が淡島千景の蝶子に「頼りにしてまっせ」と頼り、『或る女』では京マチ子の葉子が、恋人の倉地（森雅之）が姿を消し、病に身を蝕まれながらも「生きたい、生きたい」と叫ぶ結末を迎える。これらもまた元々原作にある要素であるが、豊田監督の映画は、それらの要素を解釈によって拡大したのである。

『雪国』に関しても、劇場公開時に発行されたパンフレットに、豊田監督は「演出にあたって」という文章を寄せ、次のように書いていた。[20]

原作「雪国」は、冒頭に描写されたように、非現実の中に見出される「純粋美」を追い求めた小説である。

しかし、映画は、現実を捨て去ることの出来ない宿命を帯びている。つまり映画「雪国」は、原作の非現実に描ける「純粋美」の発見と共に、その邪魔ものである現実の不幸をも語らねばならないのである。

自然、映画「雪国」は、この「純粋美」が、現実生活の中に、いかに生きにくいものであり、

現実生活が、いかに「純粋美」から遠ざからねばならない不幸を背負っているかを物語る事にならざるを得ない。

ここで豊田は、川端の原作『雪国』の核心を「非現実の中に見出される『純粋美』」と認めながらも、映画においてはそれだけでなく、「その邪魔ものである現実の不幸」をも描かなければならないと述べている。これこそが、単純に島村中心、男性中心、ひいては、いわば川端中心に陥らずに、自立的に生きようとする駒子を創り出した理由なのだろう。要するに、映画における現実的要素の強調である。ちなみに、女性造形だけでなく、豊田監督の『雪国』には、原作にはない二・二六事件や、その後の時局の悪化も、随所でとらえられていた。原作が、ほとんどいつの時代か分からない理想の時空間に設定されていたのとは異なり、映画は現実の時空間に繋ぎ止められている。

そして、豊田四郎作品だけではない。戦後日本の文芸映画、たとえば、先に挙げた黒澤監督の『羅生門』において、中心に位置するのは貞操を奪われた真砂（京マチ子）であり、威張ってばかりいる多襄丸（三船敏郎）ではない。林芙美子原作、成瀬巳喜男監督作品の『浮雲』（一九五五）においても、煮え切らない男・富岡（森雅之）に対して、ゆき子（高峰秀子）は大きな存在感を与えられている。ここに、『青い山脈』（一九四九）や『にごりえ』（一九五三）で女性の生き方を描き出した今井正監督の作品を付け加えてもよいだろう。いずれも、愛や欲望によって結びついている点においては男側と変わりはないのだが、男は頼りにならず、いい加減で無責任であり、女の側は決

してめげず、どこかしたたかに、地に足をつけて生きようとする。このような特徴が日本の、特に戦後の文芸映画にはあるように思われてならない。

おわりに

このように、豊田四郎監督の映画『雪国』は、作家・川端による特異な作風の原作と、豊田監督による文芸映画の様式とが正面から出会い、ぶつかり合ったところに成立したのである。もっとも、『雪国』を英訳してノーベル賞受賞の下地を作ったエドワード・サイデンステッカーも[21]、また映画批評の四方田犬彦も、映画『雪国』を失敗作と見なしている。[22]四方田は、そもそも島村は葉子を「非現実の映像」としてしか認めていなかったのだから、これに火傷を負った「地上的身体」を与えるべきではなかったと述べている。これは一つの的確な見方だろう。しかし、それは原作側に依拠した見方であり、そして原作のある一面に依拠した見方であって、豊田監督は自分のスタイルに従って、原作にも存在していた要素を拡大して見せたというほかにない。そしてその要素が、仮に原作の解釈の系譜において重視されていないものであったとしても、この映画における解釈が、通説とは異なる新たな解釈であることは認めなければならない。このような実態こそが、単なる（つまり、一般に言われる「忠実な」という意味での）原作の映画化とは異なる、文芸と映画との相関の一例なのである。

そしてまた、このような事態は、翻訳という操作とも重なる現象である。サイデンステッカーは、『雪国』六十周年に越後湯沢で行われた講演で、『雪国』は「翻訳不可能の小説」であるとした上で、「でも矛盾ですが、翻訳不可能のものを翻訳すべきです」と述べている。[23] これは至言と思われる。文芸と映画との間には、確かに蓮實の言うような「絶対的な差異」があるのだろう。しかし、映画人たちは実際に文芸から映画を作り出し、観客は映画に文芸を見て取り、そのようにしてテクストがテクストを生み、テクストからテクストが解釈されることによって、文芸も映画も新たな次元を切り開くのである。それは受容が創造の次元を獲得し、解釈が創作の要素をふんだんに帯びるという独特の仕方によってではあるが、しかし、それは日常の読書や鑑賞、さらにはそれに続く批評や研究の行為と全くの別物ではない。

本書ではそのような観点から、幾つかの文芸映画を取り上げ、映画における文芸という〈原作〉のあり方と、文芸〈原作〉における映画の意義という、双方向からの検証を加えてみたい。

I　〈原作現象〉の諸相

第一章　〈原作〉の記号学　『羅生門』『浮雲』『夫婦善哉』など

はじめに

浅沼圭司は本歌取について、単に本歌を受容するだけでなく、「本歌とそれを取った歌の間には、こうして送り届けと送り返しの尽きることのない戯れが生ずる」と述べ、本歌取の歌が本歌の新たな読解をもたらす場合について論じている。[1] 歌とも同様に、映画作品は原作のうちに、それまで見えていなかった特異な要素を認めることがある。重政隆文は、「文学が映画になるという時点ですでに不完全である」として、文芸と映画は「少し似ている赤の他人と考えるのが妥当だろう」と述べて、文芸の「完全映画化」という発想を否定する。[2] 確かにそのことは文字通りには正しいだろう。しかしこれは、ある対象の完全描写や完全再現は、デジタルなコピーによる以外には不可能であるということにほかならず、そのことは映画や文芸を離れても通用する。表象ジャンルにおけるテク

スト間の関係性は、常に引用や変形の過程を経るほかになく、その変形の程度によって、親子とも他人とも言えるというに過ぎない。しかもそれは実体と言うよりは、「戯れ」としてのみ、すなわち読解・解釈・批評などテクストの操作の線上においてのみ現象するのである。

ところで、原作とは何だろうか。たとえば黒澤明監督の映画『羅生門』（一九五〇）のオープニングタイトルには、「原作　芥川龍之介／『藪の中』より」とある。一般に映画の原作という概念は自明のものとしてとらえられている。しかし、その場合の原作とは、いかなる対象を言うのだろうか。映画のどこが、原作の何と、どのような関係になっている場合に、私たちは「これが原作だ」と見なすのだろうか。本章では、まずもってこのような原作とは何かという原理論的な問題を取り上げてみよう。

1　テクスト変換の媒材原理

媒材（medium）の観点から見た場合、映画を構成する要素は視覚に訴える映像と、聴覚に訴える音響の二つである。[3] 映画において一般に話題とされることの多い、いわゆる物語は、映像および音響の総合的な受容と解釈によって形成される。ただし、映画は単に物語に還元されるものでないことはもちろんである。そこには、物語として回収されない情感や強度などが含まれる。一方、文芸を構成する媒材は、挿画や各種の書誌学的なデザインを別とすれば、原則として文字言語だけし

かない。映画もまた、映像としては、被写体に記載されて写り込む文字、および字幕やタイトルなど編集によって挿入される文字などの文字言語が含まれる。また、音響としても、セリフやナレーションの形で音声言語を利用する。このほか、音響は言語以外に、音楽や物音などをも含む。従って、映画と文芸が媒材として共有するのは文字言語のみである。

しかし、映画と文芸の相関は、両者に共通の媒材である文字言語によって実現されることはほとんどない。文芸の文字言語は、多くの場合、映画の科白やナレーションなどの音声言語に変換される。そして文芸の文字言語が、映画のその他すべての媒材に変形されて、文芸は映画化されるのである。特に、物語は、映像と音響の両者に亙る映画の媒材全体として変形され、実現されると言わなければならない。さらに文字言語と音声言語を別物と見るならば、映画と文芸とは、実際には媒材において共有する部分が少ない（あるいは、ほとんどない）と言わなければならない。

ソシュールの記号学に従って、記号は表現（シニフィアン）と内容（シニフィエ）との両面を持つとするならば、映画の表象は、シニフィアンとしての媒材（つまり映像と音響）と、そのシニフィエとしての物語的な意味や非物語的な意味とから成る。一方、文芸のシニフィアンは文字言語の記号表現だけである。従って、表象における差異の基盤となるシニフィアンにおいて、映画と文芸は共有するものが少ない反面、シニフィエとしての物語的あるいは非物語的な意味においては共有するものが多いことになる。文字言語と音声言語は、シニフィエにおいては共通部分を持つのである。

ここから第一に分かることは、テクストのシニフィアンに比較的固有の要素、たとえば映画であ

れば俳優の表情や演技、画面の肌理、ショットからショットへのテンポ、ワイプやディゾルヴその他の句読法、文芸であれば文体や比喩などは、映画と文芸とで相互に変換することが難しいということである。また、第二には逆に、何よりも物語、さらにはそれに付随する情感やイデオロギーその他のシニフィエについては、相互に変換することが可能であるということである。ただし、変換可能ということは、コピーや転写が可能ということではない。これらをまとめて、テクスト変換の媒材原理と仮に呼んでおこう。そして私たちが映画の原作と言うとき、それはほとんどの場合、シニフィエとしての物語の水準を中心とし、それに非物語的な意味の水準をも加味して、映画が文芸を元にしていると判断される現象のことを言うと、仮説を立てることができるだろう。

なお、原作が演劇・マンガ・TVドラマ、さらにはゲームなどの場合にも、必要な変更を加えて同様のことが考えられる。

2　原作の映画化

さて、そのような変形・変換は、コピーや転写ではなく、読解・解釈に基づく受容である。そもそも、文芸テクストの意味は実体ではなく、受容に対して相関的に決められる現象にほかならない。またこの変形・変換の操作は、決して機械的なものではない。元の文芸テクストの意味制作という行為の帰結が、さらに変形・変換の操作という行為を経て実現化されたものが、第二次テクストと

しての映画である、ということになる。
元々原作がない場合においても、映画は、その素材の多くが前映画的世界に由来するという理由のために、原理的に第二次的なテクストであり、また顕著な第二次性を帯びやすいと言えるだろう。[4]映画が、引用や引喩（allusion）、あるいはリメイクやパロディなどの概念によって説明されることが多いのはそのためでもある。そして、映画は文芸の原作に対する第二次テクストである（つまり原作のある映画は二次創作である）ということを事実として認めるならば、さしあたり、物語と意味の水準においては、ジュネットの『パランプセスト』の理論を参照することができるだろう。[5]
文芸テクスト間の第二次性の諸様相を解明したジュネットは、もちろん文字言語対文字言語という同一媒材内の変形だけを問題としている。映画と文芸との相関の場合、そのほとんどは異質媒材間の変形となる。これが、この変形を複雑にしている最大の理由である。先に述べたように、映画の物語も文芸の物語も、実体ではなく、受容の函数である。ただし、両者の物語をテクストとして想定できるとすれば、原作の小説から映画への物語の変形には、ジュネットの定式化したような第二次性のテクストへのすべての変形が含まれると見てもよいだろう。しかし、その変形は、媒材間変形の帰結を含む形での、物語の変形とならざるを得ない。
媒材間変形は、言語テクストを、視覚化と聴覚化によって実現または変形する操作である。視覚化は、演出・撮影・編集のすべての段階にわたる映像生成に関わる。[6]そのうち最も代表的なものは、俳優化（後述）である。その他、環境化（後述）、句読法、字幕（タイトル）などの技法がこれに加

わる。聴覚化も、同様に演技・録音・編集による音響生成の全般に関わってくる。代表的なものは、やはり俳優化であり、また環境化やBGMなどの音響・音楽付与、さらにナレーション（傍白）がこれに加わる。要するに、追跡していくと文芸から映画への媒材間変形は、映画製作の過程と帰結の全てを覆うということになってしまう。

さらに、映画における台本の介在も重要である。映画の台本としてはシナリオ（脚本）とコンテがあり、通例、シナリオがよく問題とされる。すなわち、脚本はそれ自体が文芸原作に対する第二次テクストなのである。ちなみに、ジュネットは演劇化の場合について触れていた。[7]脚本は原作に対して原則的には同一媒材内の変形であるが、異質媒材間の変形を予期して作成されるという特徴をもつ。概ね、脚本は原作と映画との媒介となると考えられるが、しかしそれは単純な移行過程ではない。そこには葛藤・対立を含む場合も多いと同時に、演出においては原作からも脚本からも離れた制作が行われることも珍しくない。[8]

さて、ジュネットの分類は、第二次的テクストの構文論と意味論に基づくものである。[9]それは、先行するテクスト（イポテクスト）から作られるイペルテクストへの変形の手法の諸様相である。文芸と映画との間の変形も、物語をテクストとして理解できる範囲においては、この分類のいずれかに位置を占めると言える。

たとえば、冒頭に挙げた芥川龍之介の「藪の中」は、多襄丸・真砂・武弘の三者の言い分がぶつかり合う物語であるが、これを原作とする黒澤監督の『羅生門』が、原作では脇役と思われる杣売《そまうり》

(原作では「木樵り」)のシークェンスをそれに付け足し、これを真実らしいものとして呈示していることはよく知られている。これは新たな物語の付加と考えればジュネットの言う「継ぎ足し」であり、既にあった木樵りの挿話を拡大したものと見れば「量的変形」のうちの「拡張」となる。逆に、成瀬巳喜男監督の『浮雲』(一九五五)は、ゆき子が屋久島で死んだ後、原作では最後の六十七章において一ヶ月後の富岡の行動が描かれるのに対して、映画では原作の六十六章のシーンまでで終了する。これは、「量的変形」のうちの「切除」にあたるものだろう。

同じく黒澤監督の『白痴』(一九五一)は、ドストエフスキーのロシアを日本の現代に移した「テーマ的転移」で、しかもロシア人から日本人への「物語世界的転移」でもあり、また「近接化」でもある。吉田喜重監督の『嵐が丘』(一九八八)は、エミリー・ブロンテのイギリスから日本へ、近代から中世への転移であり、この二つは、様々な「量的変形」をも含んでいる。また『嵐が丘』は、ウィリアム・ワイラー監督作(一九三九)のリメイクという側面もあり、これは後に触れる《遡及原作》、つまり原作が時間的に複数的である場合にもあたる。その他、リドリー・スコット監督『ブレードランナー』(一九八二、原作はフィリップ・K・ディック『アンドロイドは電気羊の夢を見るか』)や鈴木清順監督『ツィゴイネルワイゼン』(一九八〇、原作は内田百閒「サラサーテの盤」)など、原作と映画との関係が希薄であったり複雑であったりする場合も多い。パランプセスト的な変形操作の観点は、それらを見る際にある程度の枠組みとして用いることはできるだろう。

3　原作の諸様相

次に、ジュネットがほとんど論じていない種類の第二次テクストの別様のあり方について、幾つか付け加えておきたい。これらは、同一媒材間（文芸対文芸）の場合でも、異質媒材間（文芸対映画）の場合でも可能であるが、ここでは映画と文芸との相関に絞って論じる。

まず、《複数原作》である。映画『羅生門』は、芥川の「藪の中」に、芥川の「羅生門」の要素を加味して作られた。冒頭・途中・結末に挿入される羅生門のシーンが、この物語の基盤となる枠を提供しているが、この場面設定と、結末での「引剥」の要素[10]は芥川の「羅生門」[11]に由来し、結果的に逆転的な「価値変換」を実現している。今井正監督『にごりえ』（一九五三）は、「十三夜」「大つごもり」「にごりえ」の三編の樋口一葉作品を組み合わせたオムニバスであり、溝口健二監督『雨月物語』（一九五三）も、上田秋成の「浅茅が宿」と「蛇性の婬」を組み合わせている。同じく『近松物語』（一九五四）は、近松門左衛門の『大経師昔暦《だいきょうじむかしごよみ》』が原作であるが、結末のおさん茂兵衛が捕縛され処刑されるに至る場面は、近松の原作にはなく[12]、西鶴の『好色五人女』巻三のおさん茂右衛門に近いものである。[13]溝口作品に関するこれらの事情は、佐藤忠男によって詳しく論じられている。[14]一般に、複数の原作が組み合わせられて映画化されることは珍しくない。それらの各々について、ジュネット的な変形の操作が介在し、テクスト的な相関性はいっそう複雑となる。

ところで、芥川という作家は、彼自身が、作品を先行する他の作品から作り出す二次創作の名手であった。ここで喚起される問題として、映画『羅生門』の原作が「藪の中」であると言うときに、その原作は果たして純粋にオリジナルなものなのだろうか。否、「藪の中」は、『今昔物語集』のほか、フランス十三世紀の散文物語『ポンチュー伯の娘』、ブラウニングの『指輪と本』、ビアスの『月明りの道』、ゴーチェの『カンドール王』、レニエの『復讐』、O・ヘンリーの『運命の道』など、多数のテクストの影響下に構成されたことが指摘されている。[15] これを、単に《複数原作》ではなく、原作そのものが過去の他作品へと遡行できるという意味で、《遡及原作》と呼んでおこう。豊田四郎監督『夫婦善哉』（一九五五）の織田作之助による原作（『海風』一九四〇・四所載）には、風来坊の柳吉が、夜遅く「三勝半七のサハリを語りながら」帰ってくる場面があるが、[16] これは浄瑠璃『艶《はで》容女舞衣《すがたおんなまひぎぬ》』「酒屋の段」の一節である。[17] また結末には、「蝶子と柳吉はやがて浄瑠璃に凝り出した。二ツ井戸天牛書店の二階広間で開かれた素義《そぎ》大会で、柳吉は蝶子の三味線で『太十』を語り、二等賞をもらつた」として「太十《たいじふ》」の名前が挙がっていて、これは同じく『絵本太功記』の「尼ケ崎の段」の別名にほかならない。これらのことから多田道太郎は、原作の「『夫婦善哉』は『三勝半七』（『艶容女舞衣』）のパロディである」[18] と述べ、また西村将洋は両者の「夫婦関係は相関関係にある」[19] として、織田の『西鶴新論』などもあわせて「物語の統一化を引き裂く言葉」として評価している。

この《遡及原作》という観点は、文芸テクストや記号現象としての表象一般が、バフチン、クリ

ステヴァ、デリダらが示唆するように単独のオリジナルな対象ではなく、常に複数のテクスト、他のテクストへの回付を本質とする限りにおいて、多かれ少なかれ、いかなる原作にもついて回ると考えなければならない。[20]

さらに、より込み入った事情が介在する場合もある。これは特殊な例と言うべきかも知れないが、原作者・脚本家・映画製作者のいずれかが相互に近い関係にある場合である。たとえば『2001年宇宙の旅』（一九六八）は、キューブリックとクラークの共同脚本であるが、クラークは小説家でもあり、映画製作と並行して小説『2001年宇宙の旅』が書かれた。[21]一種のノヴェライゼーションであるが、映画が先にあってそれを小説化するのとはやや違っている。今まで見てきた例とは反対に、ノヴェライゼーションでは一般に原作は映画の方であるが、この場合はどちらが原作とも言えないわけである。遡れば日本でも、西河克己監督が川端康成の『東京の人』を映画化しようとした際に、まだ新聞連載が続いていて、川端は監督に映画の結末を先に作るように指示し、それに合わせて後から結末を書くと言ったとされる。[22]このように、小説・脚本・原作のいずれが原作か曖昧な状況を、仮に《相互原作》と呼んでおきたい。

この意味で注目すべきは、成瀬巳喜男監督『浮雲』である。大久保清朗の貴重な研究によると、次のような仮説が立てられるということである。[23]原作者の林芙美子と脚本家の水木洋子は、戦争中、それぞれジャワ、ラングーンに派遣され、交流があった。水木は、ラングーンにおいて、『浮雲』の男女にも似た体験をしたことが、水木宛書簡その他の記録によってかなりの確度で推定できる。

そして、『浮雲』執筆中の林の許へ水木は幾度か来訪し、「何らかのサジェスチョンを与えた可能性も否定できない」（大久保）。こうして大久保によれば、「水木の体験をもとに、林が小説を構想したとすれば、林芙美子は小説家でありながら脚色者、水木洋子は脚本家でありながら原作者といわなければならなくなる」（傍点原文）。

これはあまりに極端な例かも知れない。ただし、このような物理的な意味での《相互原作》に限らず、イペルテクスト（変形先）がむしろイポテクスト（変形元）に対して一種の原作となる、というのは、テクスト解釈を含む受容が物語の基本原理である限りにおいて、他の事例においてもあり得るのではないだろうか。それは、浅沼による本歌取の投げ返し理論の、いわば究極の姿なのではないか。また、原作『浮雲』には、女優に関する言及が三箇所ほど（三宅邦子二回、山田五十鈴一回）あり[24]、もしかしたら三宅邦子などの主演で映画化することを想定して書かれたのではないかという憶測も不可能ではない。映画と歩調を共にして成長してきた日本近代文学においては、映画化は常に、いわば小説の潜在的目標としてあったとも言えるだろう。《相互原作》は、映画と文芸との相関現象においては、常に十分に想定可能な事態である言うべきかも知れない。

4　俳優化の原理

ここまで述べてきた内容は、概ね、映画における物語と、文芸の物語という、仮想されたテクス

トの水準間における相関・変形についてである。しかし、いったん物語の水準から下りて、それを実現する映画の視覚・聴覚媒体と、文芸の言語媒体との相関について考えなければ、全く抽象化された議論になってしまう。なぜならば、読者・観客の受容の局面において、まず第一に印象を構成するのはシニフィアンとしての媒材の水準だからである。実際にはここから先が重要で、なおかつ困難な領域と言わなければならない。

言語テクストを視覚化・聴覚化するいずれの場合においても、俳優化・環境化およびその他の変形生成が介在する。これらは一般に演出と呼ばれる操作と重なる。ここで言う俳優化とは、視覚としては俳優の表情・演技、聴覚としては俳優の科白や音声によって、原作を表現・変形すること、また環境化は、セット・道具・ロケーションなどによってそれを行うことであり、その他は、主に撮影・録音や編集などの所産としてそれを行うことを指している。ここでは特に、俳優化についての粗描をしておきたい。なお、この問題は映画と演劇とに共通の要素をも含むが、両者の区別についてはさしあたり捨象することとする。

俳優論は、別に論を立てるべき大きな課題である。文芸における人物と、映画における俳優との違いとして、小説の人物は人物でしかないが、映画の俳優は、人物であるとともに人間であるということがある。たとえば映画『羅生門』の三船敏郎は、多襄丸であるとともに三船敏郎でもあり、これを純粋に多襄丸としてのみ見ることは、不可能ではないにせよ一般には不十分と言うべきだろう。これは逆もまた真であり、それを単に三船として見るのは特殊な解釈である。映像の虚構論と

して既に論じたところによれば、[25]三船を三船としか見ない場合、あらゆる三船映画は三船という人間に関する記録（ドキュメント）ということになる。

原作を視覚化する手法は無限にある。ここにおいて原作の映画化とは、すなわち解釈・変形にほかならず、これを分類・定義する方法は解釈・変形の手法に応じて無限となる。また聴覚化としては、原作の地の文や会話文の語りが、脚本を介して、映画では俳優の科白やナレーションなどに変換・変形される。前者の視覚化に関わる俳優の表情・演技は、バルトが「第三の意味」[26]と呼ぶように、その分析は容易ではない。誰が演じるかで映画の印象が全く違うものとなるのは当然である。後者の聴覚化に関わる科白・ナレーションについては、両者が文字から音声へと変換されるものの、言語という媒材を共有している点、その解明は比較的端緒を求めやすい。

『羅生門』の場合、原作の「藪の中」が、人物の告白体（白状体）とも言うべき直接的な語りによっているために、映画の科白がどのように作られたかを直接的に確かめることができる。これは焦点人物が各々の章ごとに別々に設定された複数視点・並列視座の語りである。他方、『浮雲』や『夫婦善哉』の場合には、事情はより複雑である。『浮雲』は小説の地の文の語り手によって語られるが、ゆき子や富岡ら複数の人物に焦点化される。すなわち、ゆき子だけが中心化されるわけではない。『羅生門』と『浮雲』は比較的研究が進んでいるので、続いてここでは『夫婦善哉』をやや詳しく分析してみよう。

5 『夫婦善哉』の場合

物語の水準において概観すると、『夫婦善哉』の原作から脚本、さらに映画への変形は、基本的に「量的変形」「縮小」「切除」のプロセスのように見える。原作では冒頭に蝶子の実家である天婦羅屋の由来や、蝶子の少女時代の女中奉公、蝶子が芸者になった経緯がやや詳しく語られるが、脚本と映画ではこれが切除され、蝶子が既に芸者をやめることを決意し、ヤトナ（パートタイム芸者）になるところから始まる。また柳吉が蝶子と次々に試みる商売は、原作では剃刀屋の店員、次いで剃刀屋の店の経営、関東煮屋「蝶柳」、果物屋、カフェ「サロン蝶柳」と続くのだが、脚本ではこのうち剃刀屋の店員と果物屋が切除され、映画ではさらに剃刀屋の店も切除される。このほか、原作中の多くのエピソードが脚本段階でカットされ、しかも脚本にも映画にはならなかった場面が多数見られることから、そこからさらに切除が進められたことが分かる。

一方、「拡大」「増幅」として注目すべき要素が二つある。一つは、自由軒である。原作も食い意地の張った柳吉が、大阪のB級グルメにばかり蝶子を連れ回す叙述があるが、現在も有名なカレーの自由軒は、蝶子にとって柳吉と行った思い出の店の一つに過ぎない。一方、脚本・映画では、自由軒は非常に重要な役割を果たしていて、その比重はタイトルになった善哉屋と同等以上のように思われる。すなわち、蝶子は、柳吉と一度行き、その後、一人で行って思わずカレーを二つ注文し

てしまい、三度目には昔の芸者仲間の金八を連れて行き、四度目には結末直前にまた一人で行き、結末では、柳吉がいつものように「なんぞうまいもん食いに行こか?」と言うのに対して、蝶子が「自由軒はもういややで」と答えて善哉屋にするのである。このようにイペルテクストにおいて自由軒は、蝶子にとって、切っても切れない仲の柳吉を失う辛さを痛感させる場所であり、その意味は原作よりもはるかに増幅されている。

また、前述のように原作『夫婦善哉』を浄瑠璃のパロディとする説もあるが、映画はよりいっそう大幅に、浄瑠璃の要素を取り入れている。これがもう一つの「拡大」「増幅」である。柳吉が浄瑠璃の一節を口ずさむ原作の記事は、すべて映画の場面として組み込まれているほか、映画では蝶子がそれに唱和するシーンが強調される。さらに、最後の自由軒の場面で寂しさに襲われた蝶子が一人「サロン蝶柳」に戻ってくると、そこでは浄瑠璃「三勝半七」つまり『艶容女舞衣』のレコードがかかっていて、柳吉はトイレの中でそれに唱和している。[27] そして結末、雪の降る寒い店先の軒下で蝶子が柳吉と密着して泣くクライマックスの場面でも、柳吉は浄瑠璃を口ずさんでいた。このように、脚本と映画は、一致して浄瑠璃の要素を拡大しているのである。

このように見ると原作と映画とは、主要なエピソードを共有するとはいえ、それらの印象は相当に異なったものである。それをここでの課題である俳優化に即して考えてみよう。映画『夫婦善哉』の場合、主演は森繁久彌と淡島千景であるが、特に森繁の演技は注目に値する。映画は原作における柳吉の行動や科白を多数踏襲しているが、原作の柳吉は吃音的な喋り方をする人物として設

定されている。これは、自家の商売を顧みず蝶子に入れ上げ、父から勘当され、家を切り盛りする養子には邪慳に扱われているような境遇と、遊ぶことに余念がなく、人生に対して前のめりになっている欲望の性急さを表しているだろう。一方で映画の森繁は、原作とは違い、吃音的に話すことはない。その代わりに澱みなく流れるような大阪弁が、欲望に忠実に、目の前にある物事を最大限に楽しむ性質を表現して余りある。

小説は語り手によって語られる部分が大きいのが通例であるが、この映画にはナレーションや字幕による語りはない。登場人物の大阪弁による科白が横溢し、これが他の要素と合流して映画の物語構築に大きく寄与しているのである。原作の地の文の語りは大阪弁ではなく、かなり描写や説明の勝った文体である。原作では、大阪弁による人物の科白は決して多くない。たぶん、映画から逆に原作のこのような語り口を想像することは難しいだろう。

ちなみに『浮雲』に目を転じれば、『めし』（一九五一）や『おかあさん』（一九五二）に見られるように、成瀬はナレーションを用いた映画作りが得意であった監督であるが、『浮雲』ではそれは使われていない。これは脚本のゆえかも知れない。『浮雲』の原作は、必ずしもゆき子の側に寄り添って語られているわけでもなく、男との繋がりを自分でもどうしようもなく引きずっていく女のありようを、やや突き放して描く文体が顕著に見られる。映画もその要素を受け継いでおり、だからこそ人物のナレーションは導入できなかったのかも知れない。

他方、『夫婦善哉』において淡島千景の蝶子は、欲望や愛情を原作よりも鮮やかに生々しく外に

出すように作られている。原作でも蝶子は表面上信用できない柳吉に首ったけだが、脚本と映画では、昼間でも自分からカーテンを閉めて柳吉とくっつこうとしたり、また前述の自由軒のシークェンスでは、一人で自由軒に来てカレーを注文しては、懐かしい柳吉の不在のために辛い思いをしたりする。特に、結末で柳吉の父に認められたかったのに果たせず、ガス自殺を図り、さらに夫婦善哉の店から終結部までのシークェンスでは、浄瑠璃のコードが極めて大きく響き、特に蝶子の気持ちが重点的に描かれるようである。淡島の、甘えるようなややハスキーな語り口が、これらの映像と相互に補強し合う。しかし、蝶子は決して弱い女ではない。原作にも描かれている逞しさ、特に柳吉を折檻する場面などは、ただ「折檻した」と婉曲に書かれるだけの原作とは違って、映画ではまさしく柳吉が悲鳴を上げるまでに文字通り打擲するところが、ユーモアを交じえながら強い女を演出している。

そして原作と映画とを俳優化の観点から比較した場合、物語の水準では、やはり「増幅」と言うほかになく、様式変換としても、様式の強度の増強ということになるだろう。漫才のような掛け合いによるユーモアの要素を強化したとも言える。すなわち『夫婦善哉』の場合には、言うまでもなく映画は原作のパロディではない。しかし、これまでに指摘した物語水準における自由軒と浄瑠璃、俳優化の要素における柳吉と蝶子の造形などにより、映画は原作とは異なった領域の達成を実現したと評価することができるだろう。

おわりに

さて、原作とは何か、という問いに答えるのが当初の目標であった。しかし、記号学なるものが、対象を記号として厳密にとらえることの限界を明らかにする性質をも持つのと同じように、原作とは何か、という問いは、問いを投げかける以前よりも、いっそう原作の概念を開かれたものにしてしまったように思われる。文芸テクストの映画化の可能性は、無限の広がりを持っている。ある世界は常にできあいの別の世界から作られるというグッドマンの説が正しいとすれば、[28]文芸も芸術もそのようにして作られるのであり、映画はそのような表象テクストの好例にほかならない。制作とは、常に再制作なのである。私たちの知っているオリジナリティは、すべて、既にあるものを作り直す行為の別名ではないだろうか。

第二章　《複数原作》と《遡及原作》　溝口健二監督『雨月物語』

はじめに

前章では、映画と文芸との相関をテクスト理論に基づき追究するにあたり、テクスト変換の媒材原理、すなわち言語テクストが映画にとって原作となる際の変換の原理を整理し、そのうち物語と物語との間の変換については、ジュネットの『パランプセスト』が有効となる範囲のあることを確認した。さらにジュネットが論じていない原作のあり方が映画では広く見られることを踏まえて、①共時的に原作が複数存在する《複数原作》、②時系列的に複数の原作が存在する《遡及原作》、③原作と映画との関係が一方向的ではない《相互原作》の三つのタイプを付け加えた。《複数原作》として黒澤明監督『羅生門』（一九五〇）や溝口健二監督『雨月物語』（一九五三）、『近松物語』（一九五四）、《遡及原作》としては『羅生門』や豊田四郎監督『夫婦善哉』（一九五四）、《相互原作》と

しては西河克己監督『東京の人』（一九五六）や成瀬巳喜男『浮雲』（一九五五）などが例として挙げられる。このうち、《遡及原作》の好例として『夫婦善哉』を取り上げ、脚本と映画が、織田作之助の原作以上に、原作が依拠した『艶容女舞衣《はですがたおんなまいぎぬ》』など浄瑠璃の要素を拡大した点を検証した。

本章では、これらの諸相のうち《複数原作》および《遡及原作》の一例を、溝口健二監督『雨月物語』に絞って取り上げてみよう。このようなテーマ選択の動機としては、《複数原作》は映画においてはかなり広く見られることと、何よりも一九五〇年代にそのキャリアの最後の輝きを見せた溝口健二監督が、この時代の名作においてこの手法を用いたことが挙げられる。しかも、映画の原作となる文芸テクストは、多くの場合それ自体が既に第二次テクストであり、その結果、原作を持つ映画作品は、多かれ少なかれ《遡及原作》の要素を帯びてしまう。《複数原作》と《遡及原作》は、本来無関係の異なるテクストを一つのテクストに同居させることにより、それらの間における葛藤・対立を生起させ、テクストの意味をより豊かなものにする。そのような事情には留意に値するものがあるように思われる。

1　二つの原作——「蛇性の婬」と「浅茅が宿」

黒澤明監督『羅生門』のベネチア映画祭受賞（一九五一）から開幕した一九五〇年代は、海外における日本文化に対するエキゾチスムの昂揚に目をつけた時代物映画が盛んに作られた。一九五六

年八月二四日に五十八歳で亡くなる溝口健二も、戦後すぐの民主主義啓蒙映画から一変して、古典に題材を採った文芸映画を、脚本家・依田義賢とのコンビで続々と世に送り出した。[1] 直接、古典を原作とする『西鶴一代女』（一九五二）、『雨月物語』、『山椒大夫』（一九五四）、『近松物語』（同）のほか、元々が二次創作である原作（吉川英治作『新・平家物語』、一九五一～一九五七）に基づく『新・平家物語』（一九五五）もある。このうち『西鶴一代女』『雨月物語』『山椒大夫』は三作連続ベネチア映画祭で入賞した（一九五二～一九五四）。ここでは典型的な《複数原作》かつ《遡及原作》を持つ映画作品として、『雨月物語』を検討する。

　溝口監督一九五三年の作品『雨月物語』は、オープニングタイトルに「第一部　蛇性の婬／第二部　浅茅が宿」と表示される。この映画は二部に分かれてはいないが、二つの作品が原作であることが示されている。佐藤忠男の『溝口健二の世界』[2]は、『西鶴一代女』『雨月物語』『山椒大夫』『近松物語』の四作品を、原作との対照を中心として詳しく論じており、特に『雨月物語』の研究は詳細なものである。佐藤はまず、映画『雨月物語』の原作「浅茅が宿」は中国の小説『剪燈新話』、「蛇性の婬」は同じく『西湖佳話』の翻案であることを明記して、各々のあらすじをまとめ、それとモーパッサンの「勲章」[3]（*Décoré!*）も合わせて、原作と映画とのストーリーを克明に比較する。ちなみに、これについては、佐藤も参照している依田義賢の回想記[4]に、構想段階からの溝口とのやり取りが記述されており、そこにこれらの典拠も示されている。

　佐藤によると、溝口監督は「蛇性の婬」の「もっとも恐ろしい部分を切り捨て」、代わりに「浅

茅が宿」で埋めた。それとともに、単に夫と再会することを願った「浅茅が宿」原作の宮木に対して、息子を夫に託すために現れる「かぎりなくやさしい母親」像を新たに付与したとし、そこに「母性神」の性格を見て取っている。「こうして溝口の映画は宗教に接近する」。ここに柳田國男からの教示を得て、「日本人の信仰の核心にあるのは祖霊信仰」であるとする観念を適用し、これが神道と仏教を結ぶものとして介在すると論じる。また、特に結末のカメラワークに絡めて、次のように述べている。

ラスト・シーンは、家の脇の仕事場でせっせと仕事にはげむ源十郎と藤兵衛と阿浜を見せて、画面の外からの宮木のナレーションを聞かせる。あたかも観客が亡霊の宮木になって彼らを見守っているかのようである。子どもが仕事場の向うに走ってゆくのをカメラがクレーンで上昇しながら追うと、カメラの前におごそかにせり上るようにして宮木の墓が現れ、その前で子どもが合掌するところで終りになる。〔……〕その厳粛さは、死者はあの世から愛する者を見守っているという日本人の信仰の基本にある考え方を、たんなる観念やフィクションとしてではなく、あたかも手に触ることもできるような肉感的な実在として示したところにあったと思う。◉5

この結果、結論として佐藤は、「中国の小説の翻案であった上田秋成の原作は、このようにつくり変えられることによって完全に日本的なものになった」と結ぶのである。

一見しておよそ別次元の、祖霊信仰という民俗と、映画の技法であるクレーンショットを結びつけた佐藤のダイナミックなこの論の運びは鮮やかである。ワンシーンワンショットを始めとして、移動・俯瞰・クレーンなどのカメラワークは溝口映画の大きな特徴であり、溝口とともに、この時期の撮影を担当した宮川一夫の功績ともなるものである。それだけに説得力のある論であることは確かであり、この佐藤の論を基盤として問題点を洗い出してみよう。

2　複合する原作の地政学

まず、原作のとらえ方についてである。佐藤は一貫して、『雨月物語』は「中国の小説の翻案」であるととらえている。確かに、『雨月物語』は浅井了意の『伽婢子《おとぎぼふこ》』（寛文六・一六六六）や都賀庭鐘の『英草紙《はなぶささうし》』（寛延二・一七四九）と並び、一七世紀から一八世紀にかけて作られた文人小説の一つであり、それらの原拠はいずれも中国の伝奇小説または白話小説に求められる。しかし、ここで問題となるのは、「翻案」とは何かということである。『雨月物語』もまた、典型的な第二次性のテクストであり、その変換の様相は単純ではない。

「浅茅が宿」の典拠となった明代の文語小説で瞿佑《くゆう》作の『剪燈新話』（一三七八頃）に収められた「愛卿伝《あいけいでん》」は、羅愛愛という才色兼備の名妓が趙家の六男に嫁ぎ、夫が官吏となって家を出るのを喜んで送り出すが、夫は頼りにした官人が免職となって帰るに帰れず、留守宅ではまず母が亡くな

り、また戦乱の中で愛卿の容色に目をつけた隊長から貞節を守るために愛卿は自殺する。その後郷里にもどった夫が愛卿の死を知って嘆いていると、彼女の霊が現れ、自分は娼婦であったが彼に嫁いで以来貞節を守ったことを訴え、宋という家の男の子に生まれ変わることを告げる。朝になり、愛卿の姿は消え、彼が宋家を訪ねると果たして男の子が生まれており、その後両家は親交を結んだ、という話である。[6]

この物語を原話に比較的忠実に改作したのは、むしろ浅井了意の『伽婢子』巻六の第三話「遊女宮木野」（別名「藤井清六遊女宮木野を娶《めとる》事」）の方である。ここでは羅愛愛は遊女宮木野、趙家の六男は地下人藤井清六と改められるが、結末の霊の出現、生まれ変わりなどはそのまま踏襲されている。ちなみに、新日本古典文学大系版『伽婢子』の脚注[7]によれば、宮木は『後拾遺集』に入集した遊女や、『撰集抄』や『本朝女鑑』などに見える遊女の名に因んだかとされる。秋成は『伽婢子』を参照していて、「浅茅が宿」の宮木の名の由来とされるものの一つはこれである。また、秋成の『春雨物語』（文化五・一八〇八）には「宮木が塚」という話が収められ、これは遊里として知られた摂津国神崎の遊女宮木の一代記である。

さて夫の長《なが》の不在、その間の妻の死、夫が帰京した後の亡霊出現などの構造は「愛卿伝」と「浅茅が宿」に共通であるが、「浅茅が宿」の宮木は遊女ではなく、霊として現れるのは夫勝四郎が彼女の死を知る以前であり、そして結末の生まれ変わりの挿話も「浅茅が宿」にはない。この結末の運びは、「愛卿伝」よりもむしろ『今昔物語集』巻第二十七「人妻《ひとのめ》、死後会旧夫語《しにてのちもとのをうとにあふこと》」に依拠する

ことが、一九六〇年代までには明らかになっている。『今昔』の原文の該当箇所は次の通りである。

妻、喜《うれし》ト思タル気色ニテ、年来《としごろ》ノ物語ナドシテ、夜モ深更《ふけ》ヌレバ、「今ハ去来《いざ》寝ナム」トテ、南面《みなみおもて》ノ方ニ行テ、二人掻抱《かきいだき》テ臥シヌ。男、「此《ここ》ニハ人ハ無キカ」ト問ヘバ、女、「破無《わりな》キ有様ニテ過《すぐ》シツレバ、被仕《つかはる》ル者モ無シ」ト云テ、長キ夜ニ終夜《よもすがら》語《かたら》フ程ニ、例ヨリハ身ニ染ム様ニ哀レニ思ユ。

此ル程ニ暁ニ成ヌレバ、共ニ寝入ヌ。夜ノ明《あく》ラムモ不知デ寝タル程ニ、夜モ明ケテ日モ出《いで》ニケリ。夜前《よべ》人モ無《なかり》シカバ、蔀《しとみ》ノ本《もと》ヲバ立テ、上ヲバ不下《おろさ》ザリケルニ、日ノ𨫤々《きらきら》ト指入タルニ、男打驚テ見レバ、掻抱テ寝タル人ハ、枯々《かれかれ》ト干《かれ》テ骨ト皮ト許ナル死人《しにん》也ケリ。此《こ》ハ何《いか》ニト思テ、奇異《あさまし》ク怖シキ事ト云ハム方無ケレバ、衣《きぬ》ヲ掻抱テ起走《おきはしり》テ、下ニ踊下《おどりおり》テ、若シ僻目《ひがめ》カト見レドモ、実《まこと》ニ死人也。◉8

これは要するに、帰郷した男が死んだ妻と交わる話である。鵜月洋はこのことを踏まえて、「作者が『愛卿伝』から取っていたものは、話の輪郭や［……］構成を別とすると、戦乱によって離別する庶民の夫婦の悲惨な運命、亡霊となっての再会という物語の主題と、戦乱という状況の中に女の生き方をおいて、その貞節を描き出すという基本的なモティーフだけであったことになる。しかし、この戦乱と女の貞節というモティーフの組合せにとらわれずに、或いは女の貞節を女の性《さが》にま

で拡大して考えるならば、状況と女の性というモティーフは、広く一般的な形で、自国〔日本〕の文学の中に受継がれてきたモティーフであったといわなければならない」と述べている。[9]

その他にも、そもそも「浅茅が宿」というタイトルや廃屋のたたずまいは、『源氏物語』「蓬生」の巻の「浅茅が原」に由来し、ストーリーには、遠国の妻が在京の夫を待ち焦がれて病に倒れ、夫の前に亡霊となって現れて執着を語るが、法華経の力で成仏する謡曲「砧《きぬた》」が投影し、さらに結末には『万葉集』に見られる真間《まま》の手児奈《てこな》伝説が引かれている。これらのことから、「浅茅が宿」は「愛卿伝」の翻案とはいえ、後者は前者の典拠の一つに過ぎず、素材としてはむしろ日本古典のパッチワークという色彩が強いと言うべきである。高田衛はこれらのことを踏まえて、「誓った約束を守って、死者が霊魂となって帰って来た前章〔『菊花の約』〕を受けて、今度は主題を信義から夫婦間の愛情に転じ、主人公の関係も逆置して、『伊勢物語』や謡曲『砧』などを流れる、伝統的な『待つ女』のモチーフによって、中国伝奇『剪灯新話』の中の『愛卿伝』などをも取り入れて構成した一編。秋成の前作『世間妾形質《せけんてかけかたぎ》』巻三の第二話・第三話の主題の発展という要素も含まれており、女主人公宮木の上には、『水の女』のイメージがかぶさって、真間の手児奈の古代伝承でしめくくられている」とまとめている。[10] すなわち「愛卿伝」は、「取り入れ」た複数の素材のうちの一つという位置づけとされている。

同じようなことは、明代の白話小説で馮夢龍《ふうむりゅう》作の『警世通言』（一六二四）中の「白娘子《はくじょうし》永鎮雷峰塔」[11] の翻案とされる「蛇性の婬」についても言える。（なお、佐藤の挙げている清初の短編集である

伝・墨浪子《ぼくろうし》作『西湖佳話』より「雷峰怪蹟《らいほうのかいせき》」は、「白娘子永鎮雷峰塔」とほぼ同様の内容である。）こちらも物語の筋や人物、設定などをかなり忠実に引き写しつつ、謡曲「道成寺」などの、男への妄執が自らを蛇体と変えてしまう女の話という広く見られた説話や、『源氏物語』への参照がふんだんに盛り込まれている。要するに秋成の『雨月物語』もまた《複数原作》による第二次テクストであり、『今昔』、『源氏』、謡曲などの要素が非常に大きく、これを単純に中国小説の翻案とは言えないのである。もっとも、『今昔』の「人妻、死後会旧夫語」の典拠は不明で、森正人校注の岩波・新日本古典大系版の脚注によれば、亡霊と交わる話は中国に多いということである。要するに、近世文人の教養は漢籍と和文との融合体であり、さらに『今昔』や『源氏』にまで遡行しても言葉としては同じことが言えるのであって、『雨月物語』が日本的か中国的かと論議しても決め手はなく、問い自体が不適切だということになるだろう。このことは最終的には、文化におけるナショナリズムの主張の限界という問題に行き着くものだろう。あらゆる文化は、多かれ少なかれ交通の帰結にほかならない。

3　《複数原作》と《遡及原作》の効果――能の導入

溝口監督の『雨月物語』に目を戻すと、佐藤の概説によれば、宮木と源十郎のシークェンスは「浅茅が宿」、若狭と源十郎は「蛇性の婬」を原作とし、そして阿浜と藤兵衛はモーパッサンの「勲

章」に着想を得たということである。このうち、「蛇性の婬」の変形については、佐藤の分析は概ね的確である。すなわち、原作は正体が蛇である怨霊が次々と女に憑依して、豊雄という男に執念深くつきまとい、最後に老僧の指示によって蛇としての姿を現し、寺の堂前に深く埋められるのであるが、映画では蛇の要素は全くないのである。ただし、ここで注目したいのは、佐藤がこの作品の根幹に能の要素を認めた点である。

夢幻能の一般的な形式として、前半、ワキがシテに悲運のため死んだ人の話を聞いていると、後半でそれがシテ自身のことであったことが分かり、シテが亡霊として再登場する。恋もせず死んだ女若狭が、最後に亡霊としての姿を現すこと、また佐藤が詳細に検証している衣装やメイク、音楽、舞台などは、確かに能の形式とよく似ている。「蛇性の婬」に投影した蛇にまつわる謡曲「道成寺」もある。佐藤忠男は、「じっさい、『雨月物語』の魅力の多くの部分は能の影響によるものである」との観点から、原作「蛇性の婬」の蛇の化身を人間の幽霊に変えたこと、衣裳・屋敷が能の衣裳や能舞台を模していること、また溝口の強い要求により音楽に能管を用いたことなどを、その徴表として挙げている。[12] これは非常に貴重な分析と言うべきである。

しかしここで重要なのは、相通じるものがあるとはいえ、元来は別の物語である「浅茅が宿」と「蛇性の婬」が、《複数原作》の方法によって合体されたことによって何が起こったのか、ということにほかならない。佐藤は、「蛇性の婬」の怖しい部分を切り捨て、そこを「浅茅が宿」で埋めたと調和主義的にまとめている。ところが、「浅茅が宿」の典拠の一つ謡曲「砧」は、帰らぬ夫を待

ち焦がれて死んだ妻の妄執が自らを亡霊と化してしまうが、「浅茅が宿」の宮木は、そのような妄執とは異なるものの、やはり霊となって勝四郎と対面する。以下に両者の原文を引用する。

ツレいかに申し候、殿はこの秋もおん下りあるまじきにて候　シテ恨めしや　せめては年の暮れをこそ、偽りながら待ちつるに、さてははやまことに変はり果て給ふぞや　地思はじと、思ふ心も　弱るかな。地声も枯れ野の　虫の音の、乱るる草の　花心、風狂じたるここちして、病の床に　伏し沈み、終に空しくなりにけり、終に空しく　なりにけり。[……] シテさりながら　われは邪淫の業深き、思ひの煙の起ち居だに、安からざりし報ひの罪の、乱るる心のいと迫めて、獄卒阿防羅刹《あホおらせつ》の、笞《しもと》の数の隙《ひま》もなく、打てや打てやと報ひの砧、恨めしかりける　シテ因果の妄執、因果の妄執の、思ひの涙《なンだ》、砧に掛かれば、涙《なみだ》はかへつて、火焔となつて、胸の煙の、炎にむせべば、叫べど声が、出《い》でばこそ、砧も音なく、松風も聞こえず、呵責の声のみ、恐ろしや。　◉13(「砧」)

「[……]今は京《みやこ》にのぼりて尋ねまいらせんと思ひしかど、丈夫《ますらを》さへ宥《ゆる》さゞる関の鎖《とざし》を、いかで女の越《こゆ》べき道もあらじと、軒端の松にかひなき宿に、狐鵂鶹《きつねふくろう》を友として今日までは過しぬ。今は長き恨みもはれ〴〵となりぬる事の喜《うれ》しく侍り。逢《あふ》を待間《まつま》に恋(ひ)死なんは人しらぬ恨みなるべし」と、又よゝと泣《なく》を、「夜こそ短きに」といひなぐさめてともに臥《ふし》ぬ。

窓の紙松風を啜りて夜もすがら涼しきに、途の長手に労《つか》れ熟《うま》く寝《いね》たり。五更の空明ゆく比、現なき心にもすずろに寒かりければ、衾《ふすま》帔《かづ(か)》んとさぐる手に、何物にや籟《さや》〳〵と音するに目さめぬ。面《かほ》にひや〳〵と物のこぼるゝを、雨や漏《もり》ぬるかと見れば、屋根は風にまくられてあれば有明月のしらみて残りたるも見ゆ。家は扉《と》もあるやなし。簀垣《すがき》朽頽《くちくづれ》たる間《ひま》より、荻薄《おぎすすき》高く生出(で)て、朝露うちこぼるゝに、袖湿《ひぢ》てしぼるばかりなり。壁には蔦葛延《はひ》かゝり、庭は葎に埋れて、秋ならねども野らなる宿なりけり。さてしも臥たる妻はいづち行(き)けん見えず。

(「浅茅が宿[14]」)

すなわち、「浅茅が宿」は、「砧」における死んだ女の未練と妄執を抑圧する形で浪漫性を獲得したのである。そして映画は、《複数原作》のうちの一つである「蛇性の婬」を能楽化して、作品にことさら、能の要素を付け加えることによって「蛇性の婬」の原典としての「道成寺」を喚起させ、さらにもう一つの原作である「浅茅が宿」の原作としての「砧」をも召還し、つまり《遡及原作》としての能の記憶を呼び寄せ、総じてここに、宮木の遺恨という方向を導入したという仮説は成り立たないだろうか。すなわち、映画『雨月物語』は、《複数原作》が、脚色(変形)の操作を経て、結果的に《遡及原作》を呼び寄せることによって、希有な表意作用の交響を実現した、第二次テクストの傑作なのである。

4 結末のシークェンス

それだけではない。加えて、「浅茅が宿」の典拠の一つである『今昔物語集』の説話では、帰郷した夫は死体となった妻の幻と「終夜《よもすがら》語《かたら》フ程ニ、例ヨリハ身ニ染ム様ニ哀レニ思ユ」、すなわち一晩中交わった（「語フ」）結果、いつもよりも愛情・愛欲が体に染みこむほどだった、と語られる。ここは、ロマンチックな「浅茅が宿」では「ともに臥《ふし》ぬ」と朧化されている。しかし映画では、帰ってきた源十郎に宮木は酌をして、源十郎は酒を飲んで息子源市と一緒に寝てしまい、宮木はその後で針仕事を続けて朝を迎える。この針仕事は象徴的である。すなわちそれは、夫に仕えて結局報われることのなかった宮木の生涯を凝縮して表現するとともに、『今昔物語集』とも「浅茅が宿」とも違って、久しぶりの再会の夜に「ともに臥ぬ」もない終局ということになる。ちなみに、前掲の『今昔物語集』で朝を迎える場面は「日ノ鑭々《きらきら》ト指入タルニ」となっていて、映画ではこれを源十郎ではなく観客が見るのであるが、結果的に《遡及原作》を踏襲した形となっており、廃屋の内側へ壁と戸の隙間から次第に朝日が差し込むショットは実に印象的である。

さて、先ほどの仮説を実証するのが、映画の表現そのものにほかならない。この後、映画は最後のクライマックスへと進んで行く。妻を盛り土の墓に葬った源十郎は、悔い改め、元の陶工に戻って仕事に精を出すが、そこへ死んだ宮木の傍白＝ヴォイスオーヴァーが重なる。『雨月物語』など

でチーフ助監督を務めた田中徳三監督が溝口没後五十年の国際シンポジウムで語ったところによると、[15]溝口監督の現場には黒板が置かれ、そこに書き込む形で、随時、台本の科白の添削などをしていたらしい。それもあってかシナリオと映画の傍白は少々違っていて、映画では「いろいろな事がありましたねえ。／今、あなたがやっとわたしの思うお方になってくだすった、とそう思った時、私はもう、この世の人ではなくなったのです。これが世の中というものでしょうねえ」と田中絹代が語っている。[16]その際、「とそう思った時、私はもう、この世の人ではなくなったのです」のところで、声が低く屈折し、いかにも亡霊めいた、あるいは恨みを残した言い回しに聞こえる。墓も作り、改心し、供養をする源十郎であるが、宮木は果たしてこの世に未練を残さずに成仏したと言えるのだろうか。この盛り土の墓は、こうでもしない限り宮木の霊を鎮め、あるいは抑えつけることができないという感触もある。あえて言えば、今にも墓の下から何かが出てきそうである。

この最後のクレーンショットについて、佐藤は霊となった宮木と観客の視点が一体化し、村全体を俯瞰して見守ってくれる日本的な祖霊信仰のイメージを見て取っている。これは確かに魅力的な解釈であるが、祖霊信仰は日本だけのものではないという以前に、そもそも調和的に過ぎるのではないだろうか。つい最近死んだ者が、そう簡単に祖霊となるのだろうか。宮木の霊は、まだその辺にうろついているかも知れないではないか。「わたしはあなたのお傍にいます」という宮木の傍白は、守り神というニュアンスとともに、いつでも傍にいて見ているから、今度浮気でもしたら承知しないぞ、化けて出るぞと脅すようにも受け取れる。クレーンショットに暗示されるごとく、目だ

けはどこかに残ってこの村を俯瞰しているが、もはやその村に下り立って源十郎らと生を共にすることは、霊となった今の宮木にはかなわぬ技なのである。男のわがまま勝手に踏みにじられる女の生き方を繰り返し執拗に映してきた溝口監督の作品であればこそ、結末をあまり調和的に理解することはできまい。祖霊信仰もさることながら、それでは現実の女の魂は浮かばれない。

そして、このような解釈を補強するのが、「浅茅が宿」と「蛇性の婬」とを組み合わせた《複数原作》の手法であり、かつ、結果的に《遡及原作》の要素を導入した謡曲・能との繋がりである。佐藤は若狭と源十郎のシークェンスにのみ能の投影を認めているが、この結末のシークェンスでは、一貫して、能楽と洋楽とを折衷した早坂文雄の前衛的な音楽が流れている。いわば、その前の朽木屋敷のシークェンスが、音楽を介してこの結末にまで流れ込んでいるかのようである。生前に果たせなかった恋を死後に実現しようとする若狭の物語が能の形式に見立てられるのだが、考えてみれば、亡霊として現れる点では宮木も若狭と同じである。若狭のシークェンスと宮木のシークェンスは、この夢幻能の要素において、最後に一瞬、そして決定的に、交錯するのである。

すなわち、宮木が恨みを残したまま死んだとすれば、彼女はいずれ、もう一人の若狭となるのではないか。仮にそれが突飛な発想であるとしても、「蛇性の婬」の蛇の要素を捨てた代わりに能の要素を取り入れたこと、すなわちそのような《複数原作》および《遡及原作》からの変換によって、少なくとも映画『雨月物語』は、単純に調和的な解釈に安住することを観客に許さないような、意味の広がりを獲得したのである。

第三章　古典の近代化の問題　溝口健二監督『近松物語』

はじめに

　第二次テクスト生成による古典の近代化としてよく知られている事例として、芥川龍之介が『今昔物語集』などの物語に、西洋世紀末思想を盛り込んで改作した、いわゆる換骨奪胎の手法などが思い浮かぶが、文芸映画におけるアダプテーションの多くはそれほど単純ではない。前章までに論じたように、豊田四郎監督が『夫婦善哉』（一九五四）を映画化した際には、原作よりも、原作の原作である浄瑠璃の音調を大きく導入し、溝口健二監督も『雨月物語』（一九五三）においては、秋成の原作のさらに原作の一つである夢幻能の要素を利用したのである。つまり彼らは、あえてより古い要素を用いて原作を改変したのであり、これらの手法を、参照された原作の諸様相に従って、仮に《複数原作》、あるいは《遡及原作》と名づけたところである。思想的にも様式的にも、古典

の近代化は、必ずしも単純な近代化とはならない。この見方を発展させるならば、文芸も映画も、古い時代のものを乗り越えて新しいものが作られるというような、直線的な発展史観には馴染まない対象であるということが帰結するだろう。ここでは、溝口健二監督『近松物語』の場合を取り上げ、このような古典の近代化の一様相について考えてみる。

一九五四年一一月封切りの溝口健二監督『近松物語』は、大映京都撮影所の作品である。ベネチア国際映画祭で一九五二年から三年連続入賞した『西鶴一代女』『雨月物語』『山椒大夫』とともに、この『近松物語』も、佐藤忠男が、原作との対比も含めて詳細に検討している。[1] それを参考にしつつ概要を説明してみる。

この映画の原作は近松門左衛門の浄瑠璃『大経師昔暦《だいきょうじむかしごよみ》』であるとクレジットに出るが、近松も参考にした井原西鶴の浮世草子『好色五人女』巻三「中段に見る暦屋物語」、すなわち通称おさん茂右衛門の要素も大きく加味されている。これについては、シナリオを書いた依田義賢が、回想記で次のように語っている。

「どこが気に入らないんだ」
川口さんがききます。
「芝居はちゃんとできてますすよ、しかし、これでは困るのですがね」
そう言うだけで、一向にその理由がわからない。

「わたしは西鶴のおさん茂右衛門の方をもっと、とり入れてほしいのです」

聞いていて、わたしは、あっと思った。近松の「大経師昔暦」をというので、仕事がすすんでいたのでしたが、これはお玉という女中が中心となっているのです。それでは、おさん茂兵衛が立たない。いや茂兵衛の長谷川一夫さんが立たないということを、溝さんは考えているのです。溝さんはそれを口にのぼせませんでしたが、川口さんもそこに気がついたにちがいありません。[2]

このように、最初シナリオを担当した川口松太郎の台本を溝口が却下し、西鶴の要素を加味して依田が書き直したということである。ここまでに挙げた西鶴、近松、シナリオ、そして映画の四つの間の関係は、詳細に見ていくと複雑であるが、ここではポイントを押さえて整理してみよう。

1　錯綜するテクスト

第一に、映画・シナリオにおいて、大経寺の主人である以春の妻おさんが、寝間で女中のお玉の身代わりを演じたのは、お玉目当てに忍んでくる以春の好色を諫めるためだったという設定は、西鶴にはなく近松にあるものである。西鶴では、女中のりん（後には玉という名で出てくる）の茂右衛門への恋文を代筆していたおさんが、面白がってやったこととされている。ちなみに、好色物であ

る西鶴の場合には二人は交わるのだが、近松と溝口では、この場面では関係を持たない。

　第二に、このお玉のその後の処遇である。シナリオ、西鶴、近松の三つのテクストを次に挙げてみる。

①シナリオ（「72　大経師の台所」）

梅龍「……身共も浪人で、ひっそくはしているが、これに、金の心配をさせるほど、老ぼれてもおらぬ。……朋輩に思いをかけ、由ないいつわりなどを申し立てて、皆の衆に迷惑をかけ、まことに申しわけない次第じゃ。何事もこのとしよりに免じて、許して下され。……さ、お玉、御挨拶せんか……」
お玉は、泣いている。
お玉「永々お世話になりました。……」
助右「みんな、お前がしたことや。このお家を恨んだら、筋ちがいやぞ、ええな」◉3

②西鶴

栗売《くりうり》重而《かさねて》申《（まうす）》は、「物には似た人も有物《（ある）》かな。是《（これ）》の奥様にみぢんも違はぬ人、又若人も生うつしなり。単語の切戸辺《きれとのあたり》に有けるよ」と語《かたり》捨てかへる。亭主聞とがめて、人遣《つかは》し見けるに、おさん茂右衛門なれば、身うち大勢もよふしてとらへに遣し、其科《そのとが》のがれず、様々のせんぎ極《きはめ》、

中の使せし玉といへる女も、同じ道筋にひかれ、粟田口の露草とはなりぬ。九月廿二日の曙のゆめさらく寂後《さいご》いやしからず、世語《よがたり》とはなりぬ。今も浅黄の小袖の面影見るやうに名はのこりし◉4。

③近松

我らは大経師以春が下女、玉と申す者の請人即ち伯父。赤松梅龍と申す者。此の度おさん茂兵衛欠落《かけおち》の事ゆめ〳〵両人の不義はなく。此の玉が由なき詞を聞きちがへ嫉妬の心余って、聞違ひの誤りにて思はず不義の虚名を取る事。詮ずる所玉めが口からなす業科《わざとが》は一人。即ち玉が首討って参るからは。両人の命御助け下さるべしと蓋を取れば玉が首。おさん茂兵衛は一目見て。はや先立ったかはかなやと消え〴〵とこそ成りにけれ◉5。

すなわち、西鶴では結末で一緒に処刑されるところを、近松では後見人である伯父の赤松梅龍に切られ、梅龍はその首桶を持ち込んで見せるという凄まじい趣向となる。『大経師昔暦』は、上・中・下之巻の三部構成から成り、結末には市中引き回しの道行き「おさん茂兵衛こよみ歌」が置かれている。そのうち中之巻は、お玉が預けられた岡崎村の梅龍の許で、おさん茂兵衛がおさんの親である道順夫婦と切ない情のやり取りをする場面であり、前掲引用文で依田が「これはお玉という女中が中心となっているのです」というのはこれらのことを指している。映画では、お玉は西鶴の

ように処刑もされず、近松のように切られもせず、単に梅龍に引き取られて行くだけであり、確かに脇役に退いていると言える。

第三に、佐藤忠男が次のように詳しく論じている、琵琶湖湖上のシーンがある。

おさんと茂兵衛が偶然のことで不義密通者とされ、いっしょに逃亡するところまではほぼ近松の原作に忠実であるが、二人が心中を決意して、琵琶湖に投身しようとする場面で、近松からも、また西鶴からも飛躍した芝居が工夫された。茂兵衛が、いまわのきわの言葉として、じつは以前からあなたをお慕いしておりました、という。すると彼女も、「それを聞いて死ねのうなった」といい、二人ははじめて、恋人同士としての自覚を持って生きぬく決意をする。

この「死ねのうなった」というおさんのセリフを依田義賢が書いたとき、溝口健二は昂奮のあまり、ぶるぶるふるえ出したそうである。そして、「これでもう、この映画は出来たようなものです！」と叫んだそうである。[6]

このシーンは、比較的淡々と進む『近松物語』ではむしろクライマックスと言ってよいほど印象深く、結末の引き回しのシーンと並んで最も魅力的な場面である。しかしこれは映画とシナリオのオリジナルであり、近松には全くなく、西鶴ではこの後の、湖に心中したように見せかけて潜伏する挿話だけがほんの一言だけ現れる。[7] このシーンについては後に詳しく触れることにしよう。

第四には、以春の守銭奴および自己保身というテーマであり、これも西鶴にも近松にもなく、依田＝溝口の創作と言うべきものである。以春だけでなく、出世を狙う番頭助右衛門、助右衛門を唆す院の経師以三、さらにはおさんの兄の道喜などの人物も同様である。この道喜の人物像とこれを演じた田中春男の演技については、溝口一流の、女を食い物にして顧みない男の見事な造形として、佐藤忠男が高く評価している。◉8

そして第五に、結末のシーンが挙げられる。西鶴では前掲のように、「同じ道筋にひかれ、粟田口の露草とはなりぬ」とあっさりした書き方ながら処刑される結末であるのに対して、近松では次のように、黒谷の東岸和尚が登場し、逆にあっけなく二人は助けられてしまう。さらにシナリオは、刑場に引かれて行く二人の引き回しの場面を描き、これをもって結末としている。

④近松（黒谷の東岸和尚）

ア、これ〳〵。出家《しゆつけ》侍《さぶらひ》悟《さとり》は同前。助くるといふ義理は三世に渡衣の徳。愚僧が念願相叶ひ二人が命下さるれば、是現世《げんぜ》を助《たすか》る衣の徳。［……］サア助けたと呼《よば》はる声。諸人わっと感ずる声。道順夫婦の悦びの声は。尽きせず万年暦昔暦新暦。当年未《ひつじ》の初暦めでたく。開き初めける。◉9

⑤シナリオ（「90　烏丸通り」「91　表の間」）

人々の群り見る中を、いつか見たと同じように制札を先立て、一つの馬に、おさんと茂兵衛が、

背中合せに乗せられて、引き廻されてゆく。二人の顔には、然し、少しも暗いかげはなく、恥ずかしさもなく、むしろ幸福にみちたような喜色を浮かべて馬にゆられている。［……］

お蝶「不思議やなあ……お家さんのあんな明るいお顔を見たことがない。茂兵衛さんも、晴れ晴れした顔色で……これが死ににゆく人やろか」[10]

元々、おさん茂兵衛の話は、他の多くの浮世草子や浄瑠璃と同様に実話に基づいており、これは天和三（一六八三）年に実際にあった出来事である。[11] 京都烏丸四条の大経師のおさんが手代茂兵衛と姦通し、手引きした下女の玉とともに潜伏中を捕縛され、洛中引き回しの上粟田口で処刑、おさん茂兵衛は磔、玉は獄門に処された。西鶴は貞享三（一六八六）年に『好色五人女』を出版したので、事件からわずか三年後のことである。タイトルの通り好色に重点があり、世話浄瑠璃のような死出の道行きではなく、生き様の方に興味の置き所がある。

一方、近松の方は正徳五（一七一五）年の作品であり、本来の世話物ならば、『曾根崎心中』や『心中天の網島』のように定型に従って死ぬことになるのだろうが、これは出来事からちょうど三十三年後に、現実のおさん茂兵衛を供養する、いわゆる追善興行のために作られた追善曲である。[12] 二人が助かるのは今日の観点からは一種違和感もあるが、これはこれで当時の一つの定型ということなのだろう。むしろ、二人は助かるのに、姦通の手引きをしたかどで伯父に首を切られるお玉の運命の描き方の方が異様にも感じられる。

2 「西欧的なラブ・ロマンス」の問題

さて、映画は、名高いエンディングシーンで、姦通を犯した二人がむしろ堂々として、共に死ぬのを喜ぶような演出となっている。佐藤忠男は、これについて結論的に次のように述べる。

こうして映画「近松物語」は、近松の『大経師昔暦』と西鶴の『好色五人女』巻三をそれぞれ部分的にとり入れながら、それらとはまったく違った、いわば西欧的なラブ・ロマンスになった。おさんと茂兵衛は、もはや自分たちの行動を不道徳な〈不義密通〉だとは考えない。天地神明に恥じない堂々たる恋愛だと思っている。だから死刑にされるために背中合わせに縛られて馬に乗せられて市中を引きまわされるときも、心から満足の微笑をうかべて指先を握り合っている。[13]

果たして、佐藤の言うように単純に「西欧的なラブ・ロマンス」として『近松物語』をとらえることができるだろうか。佐藤によれば、依田＝溝口は西鶴・近松の古典を映画化するに当たり、封建時代の掟や道徳のために処刑される定型的な死ではなく、「天地神明に恥じない堂々たる恋愛」という近代的恋愛に殉じる男女を造形したことによって、古典を近代化したということになる。し

かし、伝統と革新という課題は文学史においても映画史においても常に課題としてあるのだが、近代的価値観という単純な概念では、具体的な作品を十分にとらえることができない。佐藤は、『近松物語』において、大店の奥方であるおさんに対して手代の茂兵衛は常にへり下り、先ほどの琵琶湖船上の場面でも、あるいは山越えの際に茂兵衛がおさんを置き去りにしようとしておさんに見つかる場面でも、おさんが上で茂兵衛が下になるように撮られているが、おさんの実家におさんを連れ出しに来る場面や、最後の引き回しの場面では、そうではなく茂兵衛が上になるように撮られているとして、次のようにまとめている。

溝口において、じつは、男と女の愛のありようまでが、上位下位の形に呪縛されている。あるいは溝口にとっては、望みうる最良の愛のかたちは、仰ぎみんばかりの気高い存在を、ついには自分の下方に組み敷くというイメージだったのかもしれない。私はそこに、封建的気質の人間としての溝口のひとつの真骨頂があるように感じるのである。見上げるか、見下ろすか、人間と人間の関係はそのどちらかである。愛においてさえも、という認識である。
溝口健二を封建的気質の人間と呼ぶことは、彼を誹謗することには決してならないはずである。なぜなら、自らの封建的気質との闘いこそが彼の芸術のテーマであり、その闘いの激しさこそが、その強靱な造型力の源泉だったと考えられるからである。◉14

これは、前の章で論じた『雨月物語』の結末の場面について、祖霊信仰という精神的な要素と、クレーンショットという技術とをダイナミックに結びつけた論にも似て、佐藤の研究の方法論をも証立てている論述と思われる。『近松物語』の冒頭から結末までの時間において、徐々に茂兵衛（長谷川一夫）の胸を反らせて行く演出が、このような上下関係の表現となるというのである。「西欧的なラブ・ロマンス」と「封建的気質」の存在とは矛盾するようにも思われるが、それとの「闘い」を見て取ることができるところにこそ、この映画のオリジナリティを認めるということなのだろう。[15]

しかし、映画を虚心に見た率直な印象としては、結末までの間に茂兵衛がおさんより上に立った、とはとても思われない。それ以前に、これは「ラブ・ロマンス」（恋愛物語）なのだろうか。おさんも茂兵衛も以春によって苦しめられたのだが、二人が不義密通の誹りを受けるのは、右に見たように、お玉の身代わりという言わば偶然の所産に過ぎない。また、くだんの琵琶湖の場面で、茂兵衛はおさんに「お慕い申しておりました」と告白する。この場面の、シナリオの記述と映画の科白は次の通りである（傍線引用者）。

⑥シナリオ（「59　琵琶湖」）

夕暮れの湖に、おさんを乗せた小舟を、茂兵衛が漕ぎ出している。人目のない、葦のひとむらのかげに漕ぎつけると舟をとめる。

茂兵衛「おさんさま……」

おさんは、異常な顔で、うなずく。

茂兵衛は、覚悟のきまった、むしろ平静な顔で、おさんの手をとる。

茂兵衛「しっかり、茂兵衛につかまって、おいでなさいませ」

おさんは、茂兵衛の身体にすがりつく。二人は草履をぬぐと、

おさん「わたしのために、とうとう死なせるようなことにしてしもうて……許しておくれ」

茂兵衛は、おさんの視線を逃がれ、

茂兵衛「茂兵衛は、もとから、お慕い申しておりました、よろこんでおともするのでございます」

おさんは、はげしい衝撃に、胸をつかれて、眼を見ひらき、まじまじと茂兵衛を見る。

茂兵衛は促して、

茂兵衛「さ……、おさんさま、どうなされました」

おさん「…………」

茂兵衛「お怒りになりましたか、悪うございました」

おさん「お前の一言で、死ねなくなった」

茂兵衛「今更何をおっしゃいます」

おさん「死ぬのはいややで、生きていたい」

二人の目には、はげしい情熱が、みなぎって、強い力で抱きしめる。（F・O）◉16

⑦映画の科白

おさん「わたしのために、お前をとうとう死なせるようなことにしてしもうて……許しておくれ」

茂兵衛「何をおっしゃいます。茂兵衛は、よろこんでおともするのでございます」

茂兵衛「今際《いまわ》の際《きわ》なら、罰《ばち》も当たりますまい。……この世に心が残らぬよう、一言お聞きくださいまし。……茂兵衛は、茂兵衛はとうから、……あなた様を、お慕い申しておりました」

おさん「ええ？　……わたしを？」

茂兵衛「はい」

茂兵衛「さ、しっかり、しっかりつかまっておいでなされませ。さ。」

茂兵衛「おさんさま？　どうなされました？」

茂兵衛「お怒りになりましたのか。……悪うございました」

おさん「お前の今の一言で、……死ねんようになった」

茂兵衛「今更何をおっしゃいます」

おさん「死ぬのはいやや。生きていたい！　……茂兵衛！」

茂兵衛が主人の若く美しい妻を慕っていたとしてもそれほど不思議はないが、この告白に対しておさんは、いったんは「ええ？……わたしを？」とさも驚いた風をしている。すなわち、おさんはその時までは特に茂兵衛を愛していたわけでも、茂兵衛の自分に対する愛を理解していたわけでもない。その証拠として、「お前の今の一言で、……死ねんようになった」の「ようになった」という言い回しは、微妙にこのことを言い当てている。それは、今まではそうではなかったが、今ではそうなってしまった、ということである。ここはシナリオでは、茂兵衛の言葉でおさんが「はげしい衝撃」を受けることになっていて、やはりその時までおさんの側からは、身分違いの恋をしているという自覚はなかったことが分かる。また、シナリオには「二人の目には、はげしい情熱が、みなぎって」とあるが、映画で「はげしい情熱」が漲るのは明らかにおさんの方であり、茂兵衛はむしろ、思いがけない展開にどうすべきか戸惑っていることがありありと伝わってくる。

3　生命の表現

このおさんの変化は、「ラブ・ロマンス」もさることながら、「死ぬのはいやや。生きていたい！」という生に対する執着に支えられていて、この映画における恋愛の生命的性質を如実に示している。また、結末の引き回しの場面では、最後まで顔が見えているのは茂兵衛の方であるが、それはおさんが前に縛られていて、進行方向の正面を向いているからである。基本的にこの二人は対等な位置

を占めていて、むしろ、見方によっては前を向いているのはおさんの方だと言えないこともない。香川京子も長谷川一夫も、ふてぶてしいまでの満ち足りた表情をして輝いている。この堂々とした表情は、来るべき死の甘受ではなく、むしろ死を前にした生の輝きと言うべきであり、結局は生命の謳歌にほかならない。これは生命主義と言ってもよい。この二人を引きずっていたのは、もしかしたら恋愛を媒介とした生命への意志の力であり、恋愛はあくまでも媒介なのではなかっただろうか。従ってこれは「ラブ・ロマンス」というよりは、ラブに名前を借りた生命力の表現と言うべきなのかも知れない。そして、生を最高に輝かせる常套手段としては、前途に死が用意されなくてはならない。そのためには、いわばハッピーエンディングに終わる近松ではなく、処刑される西鶴が選ばれなければならなかったのである。すなわち、近代的な生命主義を実現するために、むしろ古典的な定型が選ばれたのである。

しかも、それは決して一貫した生命の理論の帰結でもないように思われる。琵琶湖や山中でおさんが茂兵衛を押し倒す場面は、一種、予想もつかない行為として描かれるように感じられる。これは、あたかも有島武郎が進化論の突然変異説などにヒントを得て、「突発的衝動」としての生命力に重きを置いていたことを想起させる。[17] また茂兵衛は、いかに彼女を「お慕い申しておりました」とはいえ、常に秩序の側にいるのに対して、おさんの方が彼をその秩序から引きずり出し、徐々にその気にさせて行ったのではないか。こちらについては、太宰治が晩年に「ヴィヨンの妻」『斜陽』「おさん」などにおいて、男に触発されつつも、男をも凌ぐデカダンとなってゆくヒロインを描い

たことを連想させる。[18] もちろん、佐藤が指摘するような「封建的気質」は、溝口にも、また当然ながら西鶴・近松を土台としたこのシナリオ・映画にも、確実に備わっていたものであっただろう。しかし、この映画の根底にあるものは、「封建的気質」でも近代的価値観でもなく、偶然的な出来事と意想外の行為・感情の突発であり、そのようなある種、〈荒唐無稽〉[19]な要素が、生命力の希求と結びついて、仮に封建的あるいは近代的な枠組みを取って表現されたものにほかならないのではないだろうか。このようなものは、「西欧的なラブ・ロマンス」と日本的な人情物のいずれでもなく、その両者を折衷してさらに別次元に昇華した、ユニークなスタイルと見るべきである。

封建的とも近代的とも言える両義的な表現において、溝口は、一九三〇年代には、『浪華悲歌』(一九三六)、『祇園の姉妹』(一九三六)、『愛怨峡』(一九三七)などで、現代を舞台とした旧弊な女性圧迫を描き、一九五〇年代には、『西鶴一代女』(一九五二)、『雨月物語』、『近松物語』などで、封建時代を舞台として同じことを描いた監督であった。溝口監督を、生命の作家として再評価してみたいのである。

第四章　〈原作〉には刺がある　木下恵介監督『楢山節考』など

はじめに

映画のクレジットに「原作」の題名や原作者名が表示されることがある。これは映画の場合だけでなく、演劇や漫画やアニメなど、媒体の異なるジャンルに原作を移植・変換する際に共通である。しかし、ふだんは自明の理のように受けとめているが、そもそも原作とは何だろうか。作品は、いつどのようにして原作と呼ばれるのか。

これに関して第一に重要なことは、すべてのテクストは第二次テクストであり、制作は常に再制作であるということである。そのように考えるならば、原作というこれまで無定義に用いられてきた概念は、第二次テクストに対する第一次テクストのある一様態としてとらえることができる。すなわち〈原作現象〉は、第二次テクスト形成という表象テクストにおける根元的な問題として位置

づけられるのである。これについては既に先行する章において、〈テクスト変換の媒材原理〉の観点から、言語テクストが映画にとって原作となる際にどのような変換が行われるかを整理したところである。

次に、原作を変換する手法の諸様相を分類・分析することが考えられる。映画は文芸の原作に対する第二次テクストであるということを認めるならば、少なくとも物語と意味の水準においては、ジュネットによる第二次テクストの理論を参照することができる。ただし、ジュネットの分類に現れていない〈原作現象〉も、映画ではかなり頻繁に見られる。その例としては、①原作が共時的に複数存在する《複数原作》、②複数の原作が時系列的に介在する《遡及原作》、③原作と映画との関係が一方向的ではない《相互原作》などがある。これについても既に、溝口健二監督の『雨月物語』(一九五三)を対象として、《複数原作》と《遡及原作》の観点から論じた。

さて、本章で新たに第三の研究動機として取り上げたいことは、作品の制作と受容との非対称性と〈原作現象〉との関わりである。虚構の制作と受容のあり方は同じではなく、伝統的な虚構の理論は、受容の局面を没却してきた。[1] 虚構的テクストの制作の理論は、アリストテレスのポイエーシス=ミメーシスの理論によって先取りされている。しかし虚構の第一の問題は、まさに対象が虚構であるか否かの認知の局面にある。すなわち虚構を虚構として受容するとはいかなることか、いつ虚構かの理論が欠けていたのである。またテクスト分析の手法としても、伝統的に生産美学的な方法論が主流であり、受容美学の方面に手がつけられたのは最近のことに過ぎない。ある対象を誰が

いつどのような動機・方法・意図で制作したのかということと、その結果として実現された対象をどのように受容するかということは非対称的となる。その理由は、表象そのものの表象内容からの自立という事態である。

これを〈原作現象〉に適用するならば、原作を読んでいなくても、映画を受容するのに何の問題も生じないということになる。しかし、それでは原作とは単に無意味なのだろうか。この疑問は、巷間行われている多くの映画研究にも影を落とすはずである。既に触れたように蓮實重彦は、両者の「絶対的差異」を前提に比較という操作を否定している。[2] しかし、多くの事柄は人間が関わって相互に関連づけることができ、〈原作現象〉もその関連づけの一つと思われる。「絶対的差異」が認められるとしても、それは操作の結論として見出されるはずであり、前提とすべきではない。それを前提とすることは、操作に不自由な枷を嵌めることになる。〈原作現象〉は、現象として存在していることをまず認めなければならない。

この章では、これらの問題を念頭に置きながら、木下恵介監督の深沢七郎原作映画である『楢山節考』を対象として、原作の観点から考えてみたい。

1　映画『楢山節考』の手法

論述の便宜上、『楢山節考』のほかに、同じく深沢七郎原作の『笛吹川』も参考にする。いずれ

も松竹大船撮影所の製作である。『楢山節考』は一九五八年六月一日封切りで当年の『キネマ旬報』ベストテン第一位を獲得、この年のヴェネチア映画祭に出品していたが、稲垣浩監督の『無法松の一生』とグランプリを最後まで争って敗れた。その原作、深沢七郎の「楢山節考」は、『中央公論』一九五六年一一月号に掲載され、第一回中央公論新人賞を受賞した。ちなみに『楢山節考』は、後に今村昌平監督により、深沢の『東北の神武《ずんむ》たち』との《複数原作》によって再映画化され、一九八三年四月に封切られた。こちらはカンヌ映画祭でグランプリを取っている。また映画『笛吹川』は一九六〇年一〇月一九日公開でキネ旬四位を獲得し、その原作『笛吹川』は、一九五八年四月中央公論社刊の書き下ろし作品である。

深沢は日劇ミュージック・ホールのギター弾きであったところを『楢山節考』で認められてデビューした異色作家で、一九六〇年の『風流夢譚』事件でも有名である。木下は日本初の総天然色映画と言われた『カルメン故郷に帰る』(一九五一)や、壺井栄原作で日本中の涙を絞った『二十四の瞳』(一九五四)、あるいは『喜びも悲しみも幾歳月』(一九五七)などの著名作品を含む映画を生涯で四十七作品、主として松竹で撮った監督である。五〇年代を代表する監督として、近年、再び注目されている。木下監督は文芸映画としては『二十四の瞳』のほか、島崎藤村の『破戒』(一九四八)や『野菊の如き君なりき』(一九五五)(原作は伊藤左千夫『野菊の墓』)、また『新釈・四谷怪談』(一九四九)や火野葦平の『陸軍』(一九四四)、有吉佐和子の『香華』(一九六四)などを映画化しているが、その中でも二編の深沢原作映画は目立つ存在である。また、黒澤明監督『羅生門』

（一九五〇）、成瀬巳喜男監督『浮雲』（一九五五）、溝口健二監督『雨月物語』、豊田四郎監督『夫婦善哉』（一九五五）などが、それぞれ橋本忍、水木洋子、依田義賢、八住利雄といった脚本家や共同脚本家を擁していたのに対し、当初松竹大船撮影所の城戸四郎所長の下、島津保次郎の助監督として出発した木下は、城戸理論に従って自分で脚本が書ける監督であり、深沢作品は二つとも木下自身の手によるシナリオによっている。そのためか、『浮雲』や『夫婦善哉』などに見られた、シナリオと映画との間の葛藤はそれほど大きくない。

木下は、田中絹代・高峰秀子など絶頂期の代表的女優を重用し、『二十四の瞳』『喜びも悲しみも幾歳月』などのしっかりした物語展開で観客を感動させる松竹本流の保守的な監督というイメージがあるかと思われる。一九七〇年代にTBS系列で放映されたTVシリーズ「木下恵介アワー」でも広く知られ、溝口・小津・黒澤らよりも一段、大衆的な作家と見なされてきたかも知れない。反面、黒澤を生涯の好敵手とし、進取の気性に富み、斬新な実験的手法をも大胆に取り入れた人であった。保守的で安定した作り方も、前衛的な冒険のどちらもできる守備範囲の広い監督であったのである。高峰秀子は、木下監督を「天才」と呼んでいた。[3]『楢山節考』も、一読して映画化を志した木下が、親捨てという暗いテーマのため難色を示していた城戸所長らを説得するため、その前年に確実な興行成績を挙げられる『喜びも悲しみも幾歳月』をまず公開し、有無を言わせないように準備をして製作にかかったと言われる。[4]

『楢山節考』や『笛吹川』でも、先端的な手法が試みられている。『楢山節考』は、もうじき七十

歳になる女おりんが、七十になったら子どもに背負われて楢山に捨てられるという村のしきたり通りに、初雪の降る日に山へ行くストーリーである。第一に木下は、この物語の全編を浄瑠璃と長唄の枠組みと謡いの中に埋め込んだ。すなわち、冒頭で舞台の幕の前で文楽の口上言いが「東西々々。此の所御覧に入れまするは本朝姥捨の伝説より、楢山節考（チョンと柝《ひょうしぎ》の音）楢山節考」と口上を挙げ、幕が開いて本編が始まる。[5] その後、謡いと音曲が映画のBGMとなって、この閉鎖的な共同体と家族、そしておりんの心情に情調的な基盤を付与する。また、基本的には人物の科白によって言語的な表現がなされるのだが、重要な場面には謡いの歌詞が前面に出て、物語に言語的な説明を与える。これは、いわばナラタージュの代わりとなっている。すなわち登場人物や語り手の傍白（ソリロキー）で物語を進行する手法の代わりに、伝統的な芸能を用いた形式とも言える。同じことを長部日出雄は「日本にしか作れないミュージカルの最高傑作」と呼んだ。[6] それに加えて、原作にあった「節考」つまり歌謡起源譚という要素に代わり、歌舞伎・長唄の趣向を取り入れたことによって、説話に対して解釈を加えるメタ的な操作が付加されたとも言えるだろう。

第二に、『カルメン故郷に帰る』『二十四の瞳』『喜びも悲しみも幾歳月』など、ロケーション撮影を得意とした木下監督が、ここではほぼ全編にわたってセット撮影に徹しており、これもまた、歌舞伎・文楽などの舞台芸術の形式に近づけている。ただし、たとえば溝口の『雨月物語』が、能楽や能舞台の要素を巧みに取り入れて成功したのと比べると、一つには伝統芸能の脚色があざとすぎ、もう一つには謡いの言葉がややはっきりしないことも相まって、少々空回りした感もないわけ

ではない。五〇年代の観客も、これでは少々大時代的だと感じたことだろう。

次に趣向の第三としては、独特な照明の使い方がある。これについては佐藤忠男がシークエンスを追いながら、詳しく論じている。[7] すなわち、背景と人物とを照明で区別して、人物にスポットライトを当てて背景を暗くし、人物を闇の中に浮かび上がらせたり、青や赤といった顕著な色彩の照明で、人物や背景を明確に照らし出したりする手法である。これもまた、セット撮影と連動して、一種舞台劇的な印象を作り出す効果がある。セット撮影で背景には書割を用い、人工照明でスポットライト効果を狙い、それらの全体を伝統芸能の舞台形式にはめ込む。アルカイスム（擬古典化）とモダニズムとを渾然融合して、この一見民話伝承的な物語を効果的に映画化することが目指されたのだろう。

ちなみに、少々『笛吹川』の映像表現についても触れておくと、『笛吹川』は、深沢の郷里である山梨の「ギッチョン籠」と呼ばれた橋の袂の一家が、武田信玄の勢力圏にあって多大な負担を強いられ、子どもたちが次々と戦に取られ、最後は彼らを連れ戻しに行った母親も合戦に巻き込まれて命を落とす話である。いわば華やかな戦国合戦史の裏面を描いた物語であるが、これを映画化するにあたり、木下は、パートカラーと呼ばれる非常に特殊な着色手法を用いた。すなわち、基本的にはモノクロ映画であるが、その中で池や空、川その他の部分だけを青や赤・黄などの色に着色し、得も言われぬ不思議な世界を作り上げたのである。これは着色部分はギラギラと光り、あるいは蠢いているようにも感じられ、生命を与えられたかのようにも実感される。あたかも自然界の存在者

が実在感を持ち、他方では大きな歴史の流れに巻き込まれ、なすすべもなく流されて無為に死んでゆく人間の生命と対照的に描かれ、物語の展開を強化する機能を果たしている。ただし、この映画もやはりこうした実験的な趣向が空回りしたためか、期待されたほどの効果を挙げることはできなかった。その他、プラスチックで顔を作ったという高峰秀子の強烈な老け役も圧巻である。これは、『楢山節考』で田中絹代が石臼に自分の歯をぶつけて口から血をだらだら流し、村人たちから鬼が来たと恐れられる場面などにも通じるものである。

2 なぜ原作か

著名作品だけあって話題は尽きないが、概説は以上として、本題の原作問題に入って行こう。既に述べたように、映画を見る際に原作を読む必要はない。映画のクレジットに原作が表記されるのは、第一には制度としての著作権により、第二には、作品の水準におけるオリジナリティの表現だろう。『羅生門』が芥川の「藪の中」、『雨月物語』が秋成の『雨月物語』を原作とすることは明白であり、源泉を明記することがむしろ自らのオリジナリティの表明となる。他方、観客が原作を問題にするのはどのような場合だろうか。これには大別して二つの要因がある。

一つは外部的な要因であり、コンテクストの問題である。『楢山節考』がその典型であるが、映画以前に原作のステイタスが高い場合、観客は原作によって形作られたコンテクストにおいて映画

を受容し、そのため原作を参照することがある。『楢山節考』の場合、第一回中央公論新人賞を受賞した原作の特異な内容と、ミュージック・ホールのギタリストという作者のキャラクターから、映画公開以前に話題性が高かった。封切りに際しても、その月発行の『中央公論』には深沢と木下の対談「楢山を越えて」が掲載され、前宣伝となった。『笛吹川』も小説の発表直後に、その評価をめぐって平野謙と花田清輝らとの間で論争が行われていた。[8] 原作が有名である場合に、映画を見て原作を意識することは自然である。一方、例えば小津の『晩春』の原作は広津和郎の小説「父と娘」であるが、原作自体の話題性は乏しく、研究者でもない限り、『晩春』の原作を問題にすることはあまりないだろう。観客が原作を意識するのは、第一にこのように原作の社会的ステイタスが高い場合である。

もう一つは内部的な要因であり、映画の構造の問題である。観客が『晩春』の原作をあまり意識しないもう一つの理由は、おそらく『晩春』がそれ自体非常に完成度が高く、小津スタイルの結晶として寸分の隙もない映画だからである。しかし特に『楢山節考』の場合、オールセット、歌舞伎趣向、特異な照明効果などから、突出した先端的な映画という印象があり、なおかつそれは『二十四の瞳』や『喜びも悲しみも幾歳月』などのヒット作で観客が培った木下映画の一般水準から見ても特異である。つまりこの映画は、同時代における期待の地平に対して違和感を生じるのである。良かれ悪しかれ、このような違和感は、その起源が映画そのものなのか、それとも原作に既に胚胎していたものかという疑問を観客に抱かせる契機となる。ちなみにその意味では、今村監督の『楢

山節考』は、木下監督の作品に比べると、それほどこの疑問を生まないだろう。そこに充ち満ちた性の表現は、紛うことなく『豚と軍艦』（一九六一）や『にっぽん昆虫記』（一九六三）の監督の映画だからである。

そしてこの外部的要因と内部的要因は交錯する。観客にとって、映画を原作との関係において見ることは必然ではない。しかし、これらの条件下において、原作を参照することは観客のオプションとしてである。〈原作現象〉は、単純に制作学的および生産美学的な局面において機能するのではなく、むしろ受容美学的な局面において、観客が映画の社会的および構造的な解釈や評価を行う際に関与する要因となりうるのではないだろうか。このとき、解釈を伴う媒材間の変換によって原作に挑戦する映画は、逆に観客の眼差しの中で、原作によって挑戦されることになる。原作には刺がある。相互の参照によって、映画と原作との間で相手に対する独自の解釈が行われる状況を認識することは、映画と原作とのいずれに対しても新たな評価を行う契機となりうる。もっとも、あらゆる解釈と同じく、それが不発に終わる可能性は常にある。しかしそれを無視することは、せっかく与えられた扉を自ら閉ざすことでしかない。

3　民話伝承と「ヒューマニズム」

そこで『楢山節考』に戻れば、深沢と木下のこのテクストに対する理解の相違は顕著であり、深

沢・木下ともそれを明瞭に理解していた。深沢には映画公開の際に書かれた「『楢山節考』の映画」（『キネマ旬報』一九五八・六上旬）[9]というエッセーもあるが、これは木下映画を絶賛するだけであまり参考にならない。むしろ、深沢がまだ映画を見ていない時点での二人の対談「楢山を越えて」（『中央公論』一九五八・六）[10]において、おりんがなぜ山に行くのかを語った次の部分が、両者のスタンスの違いを明瞭に語っている（傍点原文）。

深沢　意地になっていくということじゃないですよ。自分の里のお母さんも山に行ってるし、その家の姑さんも行ってるし、みな行っている。行くべきだと、最初からそう決定的に思っているのですね。

木下　［……］いくら習慣だからといって、山に死にに行くということが、演出する場合には僕はどうも描きにくいのですね。やはり、まわりがいまに行くかいまに行くかと思っているから、こっちのほうが行ってやるんだというような、意地がないとやはり行きにくいみたいな気がして……。

深沢　それでは追い出されて行くみたいですね。

木下　そういう不合理な社会に追い出されて行くというようにしか解釈できないのですよ。映画ではおりんが行く前に、けさ吉が、じじいもばばあもとっとと山に行っちゃえとどなると、おりんが怒って、お前なんかに言われなくても、おれはあした行くんだと、どなるのです。

深沢　いまでも子供が年寄りとけんかすると、さっさとくたばれと言いますからね。

すなわち、深沢は、おりんは自身の意思に従って進んで死ぬと考えるのに対して、木下は、共同体の理法に支配されて余儀なく死ぬととらえているのである。木下にとってはそれは年の割に元気なおりんに対する「不合理な社会」の強制にほかならず、それは映画の中に、けさ吉の言葉や囃し唄として組み込まれた。映画のおりんが自分の歯を石臼で欠くのは、歯がたくさんあるという囃し唄の文句に対する負い目を埋めるためである。しかし深沢にとっては、おりんは誰かに強制されて山へ入るわけではない。歯を火打ち石で欠くのは、年相応の歯にするというだけで、それはただ単に、村ではそれが普通だからである。原作と脚本を比べると、言葉としてはそう変わりはない。[11]しかし、映画は忍び泣くような謡いの曲調と、田中絹代の老け役の哀れな演技が痛切であり、どこか淡々とした原作の文体とは大きく異なる。また、木下は映画の結末に一瞬、浄瑠璃の枠から外へ出て、山を列車が疾走する現代の景色を挿入した。これは、物語を最終的に昔話として枠づけると同時に、この姨捨物語を現代の状況へと接続するものだろう。

一方、深沢は後年、今村昌平映画が公開された際、エッセー「小説と映画」（『海燕』一九八三・一〇）を書いて、木下映画は「人情物」の「お涙頂戴」でしかなく「『困った映画』だと、映画化したことを悔んでいた」と述べている。[12]ちなみに、深沢は今村映画についても、原作の一つ『東北の神武たち』はスケルツオのつもりで書いたのに、今村はそれを単なるポルノにしてしまったと批

判している。研究者の間では、原作と木下映画の相違をヒューマニズムの観点から論じるのが一般的である。吉村英夫は、お山に行くのをいやがっていた隣家の又やんが息子によって生きたまま谷底に突き落とされる場面は原作にあるが、その後、映画ではおりんの息子の辰平がその息子をも谷に落としてしまうショットが付け加えられたことについて、これを「安手のヒューマニズム」と呼び、「原作はヒューマニズム的な解釈を拒否することで、より高次の世界を形象できたのに、木下は、それをもういちどヒューマニズムの世界にもどしている」と批判している。[13] 同様のことを平岡正明も指摘した。[14] このような反ヒューマニズムの作風は深沢のデビュー当時からの特色とされ、特に『楢山節考』は、民話伝承の世界を現代に甦らせたと見なされている。こうして深沢の中立的で突き放された世界と、木下の近代的な生命尊重という対立が認められてきたのである。

ところで、姥捨伝説または姨捨山伝説は全国に流布していたようであるが、実は、捨てられた母親が助かったり、あるいは捨てた息子が改心したりするのが典型的な話型であったらしい。日本文学に現れた姥捨物語を精査した工藤茂は、「古典文学に現れる棄老説話の殆どは親孝行の話であり、昔話のそれも同様である」と述べている。[15] これについての先駆的な研究は柳田國男の「親棄山」(『少女の友』一九四五・二〜三)である。それによると姥捨伝説には幾つものヴァリエーションがあり、柳田はそれらを「親棄畚型」「難題型」「葛藤型」「枝折型」の四種に分類した(分類名は工藤茂による)。[16] 関敬吾はそれらの昔話を分類・集成し、[17] さらに工藤茂は日本の古典から現代文学までのその系譜を克明にたどった。[18]

それに対して深沢の場合は、着想の起源は姨捨伝説にあったとしても、物語も趣向もほとんどが創作と推定される。特に、「節考」というタイトルの通り、小説の物語は姨捨にまつわる唄の分析を交えて進行する一種の歌謡起源譚の趣向を取っているが、それらの唄は明らかに新作である[19]。いかにも民話伝承らしく作られた小説『楢山節考』の起源は、それらしく作られた虚構の民話であったわけである。坂口安吾の「紫大納言」(一九四一)や、「桜の森の満開の下」(一九四七)などのファルス(茶番劇)の場合が想起される。またこれは原作論の観点からしても興味深く、仮構された原作、いわば《捏造原作》の一種と言えるだろう。典型的には、芥川龍之介の「奉教人の死」(一九一八)の「れげんだ・おうれあ」や、谷崎の「春琴抄」(一九三三)の「鵙屋春琴伝」などを思い浮かべることができる[20]。

柳田が、日本固有の型として言及している姨捨の昔話は、いずれも姨捨を戒める話であり、貧苦の状況でもあくまでも親は敬うものだという親孝行の教訓話であった。相馬庸郎はこれについて、「本来のモチーフは極めてヒューマニスティックな説話だったわけだ。それに対し深沢は、文字通りに親を棄てるアンチ・ヒューマニスティックな話として描き切った」と述べる[21]。昔話を現代風にヒューマニズムと見るのは語弊もあるが、少なくとも掟に従って諾々と死ぬことを肯定するものではない。従って、極言すれば、木下が「不合理な社会」への反発を盛り込んだのは、民話伝承からするとあながち間違いではなく、むしろ深沢段階を飛び越して昔話の段階へと回帰した《遡及原作》に近い手法であったことになる。

似たようなことは『笛吹川』についても言える。原作は、武田信玄にまつわる歴史の裏面史であり、定平・おけいの子どもたちは皆合戦に行きたがるので、合戦が行われていることは分かるが、合戦そのものはほとんど描かれない。一方、映画は冒頭から、凄惨な合戦の場面と死屍累々たる戦場の様子を繰り返し鮮明に描き出している。[22] この結果、原作は親の情など意味を持たなくなる歴史の流れを、ただそれとして描いているのに対して、映画は、無常感とともに戦争の悲惨を訴える反戦物語として完成されている。

昔話や歴史には、解釈によってアンチ・ヒューマニズムともヒューマニズムとも言える両義性が認められ、深沢は前者に、木下は後者に傾斜する仕方で自分の様式を形作ったのである。しかもこの場合は姨捨物語も歌謡起源譚も、昔話や説話の現代的再生などではなく、昔話や説話である「かのように」（als ob）見える虚構の様式にほかならない。『楢山節考』をめぐるこれらの解釈の闘いからは、原作なるものが持っているはずの、題材の起源としてのオリジナリティが相対化・無化される一方で、形作られた深沢のテクスト様式としてのオリジナリティが、むしろ確固としたステイタスを確保するように見える。そして、そのことは木下映画についても、様式の性質は違うものの、ほぼ同じことが言えるだろう。要するに、同様の題材を用いつつも、各々の作家が異なった成果を挙げる様相を、〈原作現象〉の追究は、より明瞭なものにする効果があるのである。

おわりに

深沢は、木下と今村の両者を批判した「小説と映画」の結末において、監督が脚本も書くのはマスターベーション的で、よい脚本家が携わるべきこと、また観客が映画を原作の演奏として見るのには不満で、観客は原作をも読むべきだという意味のことを述べている。[23] エッセーの初めのところでは、「小説は読むもので映画、テレビは見るものだから、両者はちがったものが出来なければ意味がないと思っている」とも言う。よほど『楢山節考』の二度の映画化が腹に据えかねたのだろう。

もちろん、再三述べたように、映画を見る際に、必ずしも原作を読む必要はない。しかし、原作を参照することは観客に許された権利であり、参照された原作は、それによって映画を突き刺す刺を持つ。ただし、その刺は逆に原作自身をも刺すのである。映画化も含めて、あらゆる改作・翻案はすべて作品の正当な受容の一方式であり、そしてむしろ典型的な受容の方式である。なぜ典型的かというと、それは解釈の帰結を明確に目に見える形で提出するからである。受容は、表象テクストが実現される唯一の手段であり、テクストという自己が他者の眼差しに曝されて相対化され、攻撃を受けることによって自らの可能性としての意味や強度を最大限に実現する方式である。そして改作・翻案は、その原因と結果が相互的に交換され、相互にこのような自己拡張の過程に投入される現象にほかならない。

『楢山節考』が公開された一九五八年、日本の映画館入場者数は十一億人を突破し、その黄金時代を迎えていた。五〇年代の十年間には、およそ二千本もの映画が日本文学を原作としていたのである。それは、映画と文学がともども、娯楽ジャンルにおいて高いステイタスを勝ち得ていた時代であった。日本映画と日本文学との相関とは、このような時代背景の下に、文学と映画という二大ジャンルの、個々の、そして相互の特徴を、この上もなく明らかにしてくれる領域なのではないだろうか。

Ⅱ 展開される〈原作〉

第五章　# 意想外なものの権利

今井正監督の文芸映画『山びこ学校』と『夜の鼓』

はじめに

日本映画の黄金時代と呼ばれる一九五〇年代は、またいわゆる文芸映画のブームでもあった。映画『にごりえ』発表後に、今井正監督と脚本家水木洋子も参加して行われた「座談会　文芸映画をめぐって」(『婦人公論』一九五四・四、他に岸田國士・津村秀夫・豊田四郎が参加)では、その理由が話題となっている。津村秀夫が、松竹蒲田撮影所の城戸四郎所長が監督にオリジナルのシナリオ創作を奨励したことから、サイレント時代に文芸映画は少なかったと指摘し、それを受けて今井監督は、今ではオリジナル・シナリオに良いものがないため文芸原作に依拠せざるを得ないとし、続いて水木が「文学という物は相当日数をかけて出来る作品」であるから、その出来映えの良さが製作側も観客も文芸物を要求する理由であると述べる。同様のことは、座談会「文芸映画の背後から」

（『文学界』一九五四・八、臼井吉見・吉村公三郎・椎名麟三・芥川比呂志らが参加）においても話頭に上った。臼井吉見が「最近名作の映画化がこんなに行われたことはないんじゃありませんか」と尋ねたのに答えて、吉村公三郎監督は、「それは映画界が分裂してバラバラになってきたんで、宣伝と実際の事務上の便宜のために名作を採り上げるようになってきたんですね。それから売れた原作であれば宣伝が楽だし、つまり映画会社がオリジナル物を信頼しないんです」と述べている。紅野謙介はこの発言を踏まえて、一九四六年から三年間に及んだ東宝労働争議により混乱に陥った映画界が、高収益を見込める「信頼」できる文芸原作に頼り、それは必ずしも内容的な「相乗効果」を保証されたものではなかったが、結果的には溝口健二監督の名作などを生む原動力となったと論じている。[1]

今井正は、戦中期から映画を撮り始め、戦後には占領軍の映画検閲コードに反発し、自由な映画製作を求めてＣＩＥ（民間情報教育局）のデイヴィッド・コンデと渡り合い、一九四九年、東宝労働争議の渦中に石坂洋次郎原作で製作した『青い山脈』がキネマ旬報ベストテン二位を取った。[2] 石坂原作の映画は一九三七年、文芸映画の巨匠・豊田四郎監督の『若い人』が当たりを取り、また石坂が終戦後に幾つも書いた青春物はベストセラーとなっていた。『青い山脈』は一九四七年の『朝日新聞』連載中から人気で、各社が映画化権を争ったのである。これはまさしく、吉村・紅野らが述べるように、映画が文芸の人気を借り、相乗効果を上げた典型的な例にほかならない。今井監督はその直後に東宝を辞めてフリーとなったが、この成功を足掛かりにむしろ本領を発揮し、独立プ

ロダクションなどで製作を続けることになる。その後キネ旬の一位を獲得した作品だけでも、『また逢う日まで』（一九五〇）、『にごりえ』（一九五三）、『真昼の暗黒』（一九五六）、『米』（一九五七）、そして『キクとイサム』（一九五九）を数えるヒットメーカーとなるのである。

およそ戦後から五〇年代にかけての今井映画は、今井が共産党員であり、東宝労働争議に関わったこともあり、社会派リアリズム映画と概括されることが多かった。しかし、第一に、主な作品リストを見ても分かるように、戦後から六〇年代までの今井監督作品は、単に社会派というのではなく、多彩なヴァリエーションに富んでいる。[3] 確かに、前進座総出で撮った『どっこい生きてる』（一九五一）は、職安に群がるルンペン・プロレタリアートの実態を描いた日本版ネオ・レアリスモ映画として評価されており、[4]『にごりえ』でも遊郭をそれなりに生々しく描き、『ひめゆりの塔』（一九五三）は沖縄戦を取り上げ、『真昼の暗黒』は八海事件の冤罪を告発する内容であり、『橋のない川』（第一部・一九六九、第二部・一九七〇）は部落差別に正面から取り組んだなどのことから、その作品群は社会派と呼ばれるのにふさわしいと言える。

しかし、それらはいずれも高度な娯楽性をも兼ね備えていて、イデオロギーを前面に出したドグマ的な作品でないことは明らかである。たとえば『青い山脈』は学園の民主化を訴えた啓蒙映画として喧伝されたが、現在の目から見ると、学校内部の派閥闘争を面白おかしく描いたファルス（茶番劇）のようでもある。『また逢う日まで』は、戦争によって引き裂かれた恋人たちの悲劇ではあるが、〈ガラス越しの kiss〉に象徴される甘美なメロドラマであり、『純愛物語』（一九五七）もまた、

愛する娘が原爆症で死ぬことを鍵としているものの、反戦や社会批判よりも〈愛と死を見つめて〉のメロドラマと呼ぶべき作品であった。さらに『夜の鼓』（一九五八）、『武士道残酷物語』（一九六三）、『仇討』（一九六四）などの時代物は、武家社会の不条理をとらえたいわば反《アンチ》時代劇であり、『砂糖菓子が崩れるとき』（一九六七）と『不信のとき』（一九六八）はいずれも若尾文子を主演に迎えた男女の愛憎劇である。それらは、人間の生と歴史に現れたすべての事柄は社会的であるという意味では確かに社会派なのだろうが、要するに人間の生と歴史の種々相を描いたものにほかならない。

そして第二に、何をもってリアリズムと呼ぶべきなのだろうか。リアリズムは現実主義・写実主義であり、映画にはニュース映画、記録映画、ドキュメンタリーなどの、本来現実性を旨とするジャンルもあるほか、ネオ・レアリスモや社会主義リアリズムなどの様式や芸術思潮としても一般に通用している。しかし、今井映画は現実を現実的に描いたと言える部分もあることは確かだが、そこには、現実でないことを現実的でなく描いたショットも確実に含まれていて、そのどちらが本質的かを決めることは単純にはできない。本章の目標は、主として『山びこ学校』と『夜の鼓』を対象として、今井映画を語る際につきまとう社会派とリアリズムという二つの紋切型を排し、むしろ意想外なものを映画表現の中に導入したその様式の一端を、文芸テクストとの相関において明らかにすることである。

1　概観・今井正の文芸映画——『また逢う日まで』『青い山脈』『にごりえ』

映画と文学との相関における第二次テクスト性の実態を見ると、映画と文芸原作との間には極めて多様な関係のあることが分かる。前章までに試みたように、映画が複数の原作を組み合わせている場合〈《複数原作》〉や、原作にさらに原作があって映画がそれに遡る場合〈《遡及原作》〉などの〈原作現象〉の諸相を明らかにすることにより、映画と文芸原作双方の解釈の可能性を広げることができる。その根底には、そもそもあらゆるテクストは、多かれ少なかれ第二次テクストであるとする理論も展望される。その結果として、映画が原作に対して、映画化以前には見えなかったものを見出す契機となり、またそのことが文芸映画の魅力にも繋がることがある。

今井監督の作品において、見えなかった何物かを見出す契機を与えられた代表的なものとしては、『また逢う日まで』を挙げなければなるまい。この映画は、脚本家水木洋子の出世作でもある。戦時下、学生（岡田英次）と画家（久我美子）が愛し合うが、学生は応召し、最後の待ち合わせの駅で彼女は爆死し、彼も戦場で帰らぬ人となるという物語で、フラッシュフォワードやナレーションが効果的に用いられた可憐な作品である。既にこの作品についてはメロドラマ論の観点から論じたことがあるが、[5]ポイントはやはり、〈ガラス越しの kiss〉以外ではない。戦後日本映画史において人口に膾炙した〈ガラス越しの kiss〉シーンは、原作となったロマン・ロランの『ピエールとリュ

ース』(一九二〇)にもあり、今井監督はインタビューで「あれは原作にあるから撮っただけで、なんで大評判になったかわかんないですよ」と答えていた。[6] この監督の発言が真実であるとすれば、逆に意味深く、要するに映画作品は監督自身にも完全制御できるものではないということを示唆している。戦後映画における kiss シーンの導入については、CIE(占領軍民間情報教育局)の民主主義映画啓蒙の一環としての、アメリカ型恋愛描写の推奨との関わりなどから活発に論じられている。[7] さらに、映画史の後には映画そのものに戻るべきだろう。

〈ガラス越しの kiss〉において実際に kiss している相手は、単なるガラスに過ぎない。この場面については、何よりもまず、驚くべきである。それは常人ならやりそうもないことであるにもかかわらず、ここでは決して不自然ではない。つまり、異常なことを異常と思わせずに映像化して、それが見る者や映画史において忘れられないほど甘美な効果を上げたのである。ロランの原作では、この記述は呆気ないほど簡単であり、重要な位置を与えられていない。[8] 映画全体においてこのシーンが持つ意味以上に、このショットが端的に、自立して訴えてくる力は、映画以外では考えられない力ではないだろうか。これについて、「原作にあるから撮っただけ」という監督の談話を真に受けて無視することはできない。なぜならば今井監督の映画には、このような意想外なショットやシーンが、思いのほか多く認められるからである。

試みに遡って『青い山脈』を検討しよう。先述のように、この作品は当時人気の石坂洋次郎が書いた、男女交際の自由や学校の民主化を啓蒙する小説として映画化され、人気を博した。今井正・

井出俊郎共同脚本によるこの映画は、物語の細部や特に結末は映画化に当たって作り直されているが、物語が大きく変えられることはなく、前後編一八〇分の映画を見てから原作を読み直すと映像と科白が髣髴としてくるほどである。むしろ、この映画は原作の要素を顕著に増幅している。たとえば、島崎雪子先生のスパイ役を務める笹井和子の役を演じたのは、東宝ニューフェイス第一期で三船敏郎・久我美子らと同期の若山セツコである。これはシャーロック・ホームズを気取る下級生で、原作にある通りの大きな眼鏡を掛け、神出鬼没で島崎先生の役に立とうとする。この一種のフール（道化）の役どころを若山は忠実に演じているが、忠実を通り越して非常に誇張されている。

あるいは、理事会の前に沼田医師が暴漢に襲われ、入院中に島崎先生が見舞いに訪れ、沼田に対して、夫は妻を爆弾を抱えているように心遣いしてほしい、と述べ、沼田が「するとしかしあなたは原子爆弾ですな」と言うと、島崎先生は「まあ……」と言って笑うシーンがある。この直後、次のショットに移ると直ぐに花火の画面が映り、観客は心理的に花火を原爆と重ねることになる。この箇所は原作では場所が違っていて、結末のプロポーズの場面にある。脚本はこれを見舞いの場面に置き換え、原作と脚本では「原子爆弾」ではなくただの「爆弾」であったのが、撮影にあたって「原子爆弾」と変えられたようである。[9] これらの点からすれば、映画から折り返し、原作を男女や学校の民主化を主題とした小説というよりは、むしろその主題をだしにしたファルスとして再評価する解釈の線が見えてくる。

次に『にごりえ』に関しては関礼子の詳細な研究があり、原作と映画との関係や、戦後状況下に

おける樋口一葉再評価の意義、さらには脚本家水木洋子の活動との関わりなどについても詳しく論じられている。[10]この映画は、一葉の「十三夜」「大つごもり」「にごりえ」の三編を繋げたオムニバス形式の作品である。失意のまま婚家に戻ろうとする女と幼馴染みの車夫との邂逅を描く「十三夜」と、親の懇願により奉公先で金を盗み、露見するところを道楽者の御曹司の機転で救われる女中の話「大つごもり」は、一方は悲しく美しく、他方は観客をはらはらさせて最後は安堵させるように作られ、いずれも綺麗にまとめられている。これらに対して最後の「にごりえ」は、幼いお力が水溜まりに飯を落とす場面、娼家菊の井での酔客の醜態や娼婦たちの赤裸々な生活、さらに源七の夫婦別れから、結末で血に塗れたお力と源七の死骸を明確に映し出すショットに至るまで、ことさらに露骨かつ醜悪に作られている。関もこのことについては、「過剰なまでにリアルに描かれている」とし、観客は「『貧困』や『女性の哀しさ』などの言語化しやすいメッセージを一方的に享受するだけで、その想像力を一義的に限定されてしまうのである」と述べる。[11]

この想像力の限定については、いわゆる文芸映画全般にも言えることである。ただし、一方で『青い山脈』については、それが想像力を限定したと言われることはあまりなく、むしろ原作を忠実に映画化したと評価することが一般的だろう。その理由として、「にごりえ」の語りが一葉の多義的で格調高い擬古文のテクストであり、そこから想像力によって多彩な解釈が可能となるのに対して、『青い山脈』はそうではない。また他方では、映画『にごりえ』は原作にないものを付け加えたというよりは、むしろ原作の露骨で醜悪な部分を極端に拡大し、それによって〈文芸的〉と言

われる間接的な水準から、映像と音響によって直接的に感官に訴えかける、いわば〈映画的〉な水準の実現を期したものと言えなくもない。

そして、女性の生き方について、映画『にごりえ』は三つの原作をオムニバスにしたことにより、妻・奉公人・酌婦と立場の異なる三人の女が、それぞれの生活の中で苦しみながら生き、あるいは死ぬ有様をとらえている。「にごりえ」の章が最も印象深く、これによって代表されがちであるが、この構成によって、単に一つの固定した観点ではなく、多様な方向からその問題に迫ったと見るべきではないだろうか。綺麗な前の二編と、深刻な「にごりえ」との落差も、その効果を高めるのである。

2 異色の文芸映画『山びこ学校』

さて、『山びこ学校』(一九五二)は、右のようないかにも文芸映画らしい作品とは違って異色の映画である。しかし、意想外な驚きという点においては、これを見落とすわけにはいかない。原作の『山びこ学校』(一九五一・三、青銅社)は、現在は上山市に編入されている山形県山元村の山元中学校で当時教諭をしていた無着成恭《むちゃくせいきょう》が編者となり、一九五一年に刊行された生徒の文集である。その前年、同書に収録される江口江一の作文「母の死とその後」が、日教組と教科書研究協議会主催による第一回児童生徒作文コンクールで文部大臣賞を取り、それが話題となる最中に刊行された

この文集は、大きな反響を呼びベストセラーとなった。その映画化であるから、異色ではあるにしても、本章の冒頭に見た、ヒット作を原作とする戦後文芸映画の基本路線を踏襲していることになる。その後、マスコミの寵児となった無着は村を出て、駒澤大学に入学、卒業後明星学園の教諭となり、ラジオの電話相談で人気を博し、型破りな教育論でも有名となった。この映画は、原作と並んでその活躍の契機ともなったものである。

ただし、これを単純に文芸映画と呼ぶには、やはり相当の躊躇が伴う。まず、原作の『山びこ学校』を文芸と呼ぶことは、文芸の定義次第で不可能ではないが、これは小説や一貫した物語ではなく、無着が担任した四十三人のクラスの生徒の作文・日記・詩・クラス会報告などから成る、断章集積形式の文集である。また、これは作文とはいっても国語科や文芸創作のために作られたのではなく、農林業などの地場産業が崩壊の過程にある極貧の生活を見つめ、改善策を模索する社会科の授業として実践されたものである。これらの点、『青い山脈』や「にごりえ」などの文芸的なテクストとは、全く異なる素材であることは明らかである。

また、『山びこ学校』は戦前期からの生活綴方運動の戦後版としてとらえられることも多いが、必ずしも運動として行われた結果ではない。鶴見俊輔が「その創案者の無着は、マルクス主義の文献とは別個に、プラグマティズムの文献とも別個に、また生活綴り方運動それ自身の文献からさえも別個に、つまりほとんど何の文献の系統にもよらず、山形県山元村の現地の中学生に社会科を教えるというその実際上の問題を解決する努力の中から、直線的に『山びこ学校』という文集をつく

ったのである」と述べた通りだろう。[12] 最近では、佐野眞一がその優れたノンフィクション[13]において成立の経緯や生徒たちの来歴と帰趨を克明に追跡したことが契機となって、川村湊が取り上げ[14]、さらに佐藤泉[15]・中谷いずみ[16]・榊原理智[17]らが、改めて『山びこ学校』の言説について検証を行っている。

そのうち、「二次言説」すなわち影響力について検討した榊原の論を参照すると、『山びこ学校』は当時、強力な綴方実践の代表例として高く評価され、〈書くこと〉の主体性や精神性の理想像を提供した。しかしその一方で、それは逆に〈書くこと〉の自由とは逆行する枠組を押しつける契機ともされてきたという。[18] 他の論者も重点の置きどころは異なるものの、『山びこ学校』は生徒の現実にあった問題を吐露させてはいても、それはある枠組に沿った吐露であり、結果的に解決のつかないまま、いわば『山びこ学校』的な特定のスタイルに回収される結果となったとする観点では共通している。このような原作に対するその後の論調の水準から見るならば、佐藤忠男が映画『山びこ学校』について、「貧しくともあくまで生まじめに生きようとする者たちの目に映ずる清冽な映像で見事な映画詩につくりあげた[19]」と評しているのは、一般的な評価ではあるだろうが、少々微温的とも感じられる。

東宝を飛び出した今井正は、一作毎に別の製作会社やプロダクションと手を組んでいたが、この映画は、脚本家・八木保太郎のプロダクションにより、資金面で日教組などの援助を受けて撮られたもので、脚本も八木自身が担当している。佐野眞一の追跡は映画製作にも及んでいて、[20] それによると、八木は、『山びこ学校』が刊行される前から、江口江一の「母の死とその後」が掲載された

無着のクラス誌『きかんしゃ』を読んで、映画化を思い立ったという。さらに八木は無着から日記を借用して読み、また実際に山元中学校で無着の授業を参観して脚本を書いたのである。映画および脚本と原作とを比べると、それらの間の形態上・内容上の大きな相違に気づかされる。すなわち、原作の『山びこ学校』は生徒の文集であるが、映画『山びこ学校』は、無着成恭を主人公とする物語なのだ。その点、日記の借用や授業参観の逸話は、八木が原作から無着という一本の軸を掘り出し、これを物語の中心に据えるために必要なことだったのだろう。

他方で、映画および脚本は原作の記述を大きく取り入れている。[21] 一貫した物語を持たない原作の随所から必要なエピソードが抽出され、脚本に組み込まれた。この、個々ばらばらの作文を繋ぎ合わせて一つの物語にまとめた八木の手腕は見事である。脚本および映画の物語は、家の仕事の手伝いのために欠席の多い生徒たちの生活の様子を描き込みながら、前半では、湯野浜への遠足のため、費用を捻出できない生徒のためにクラス一丸となって杉皮運びのアルバイトをして遠足を実行するまで、後半は、その過程で綴方の必要性を痛感した無着先生が、貧乏綴方を公表するなど末代までの恥だと反発する父兄を押し切って綴方を実践し、結末では、先述の江口江一の「母の死とその後」の朗読と、病床の母が笑うショットとをモンタージュし、原作では冒頭に置かれた石井敏雄の詩をエンディング・タイトルとして幕を下ろす。

原作とかなり印象が異なるのは、映画において木村功演じる無着先生自体が際立って前面に出されている点である。少なくとも原作の本文においては、先生はそれほど大きな比重を占めていない。

もちろんこのような綴方をさせたのは先生であり、原作本文にも随所に先生の影が垣間見えることは確かである。つまり脚本・映画は、原作では背景にあった先生を顕著に前景化し、先生を主軸として製作されたのである。その結果として、生活綴方文集であった原作のエピソード群はむしろ背景に退き、それを実践させた無着という人物へと重点は移動した。原作には全く登場しない無着の父母・妹ら家族の様子、特に家業の寺を継ぐために教師を辞めることを迫る父親との確執、あるいは教員集団内での議論なども、この映画には取り入れられている。これは、何よりも無着成恭という主人公を描く映画にほかならない。その意味では、物語があって主人公がいる他の文芸映画と同様の文芸映画として、『山びこ学校』を認めることができる。従って、『山びこ学校』は、必ずしも文芸とは断定できない原作を映画化することによって、いわば原作を文芸化したのである。

しかし、映画そのものの驚きはそれだけではない。木村功の無着先生は、教室でも海岸でも、生徒の前でとうとうと語る。原作においても方言の使用が話題となる箇所があるが、映画は山元村が位置する村山地方の山形弁を駆使している。ただし、作られた山形弁という印象が強く、東北方言一般の特徴である濁音、いわゆるズーズー弁が弱いだけでなく、抑揚が乏しく、つまり棒読みに近く、また木村功の態度や傾聴する生徒たちの様子から見て、まるで演説しているかのようである。チャップリンの『独裁者』の演説のようだ。一九四〇年封切りのチャップリン映画『独裁者』は、日本では一九六〇年になって初めて公開されたこともあり、この映画への影響関係を問題にすることはできない。しかし、この独裁者風の演説を、無着先生は作中で三度四度と繰り返している。む

ろんこれは一方的演説ではなく、生徒たちは先生の問いかけに答えるのであるが、その答え方も機敏で元気よく、朗読もきちんとしていて、先生の言うことをよく聞く従順な生徒である。これは最近の『山びこ学校』論が異口同音に唱えているように、綴方は自由で主体的な表現などではなく、綴方という枠組みに嵌め込まれた制度的な言説に過ぎないという説の傍証になりそうなショット群である。ただし、程度や質の差はあっても、教育は人工的な人間の陶冶にほかならない。[22] しかも極貧の村で、いわば緊急避難的に自分たちの生活を見つめ直す契機として綴方を導入したことを、一般論的な制度的言説性の害悪において批判するのは、いささか的を外しているかも知れない。

『独裁者』の結末において、床屋のチャーリーはヒンケル総統と間違えられて、独裁ではなく平和の演説を行う。しかし、これは全く逆の場合も考えられるだろう。演説の強度そのものにおいては、独裁も平和も関係がない。何よりも、チャップリンの映画に基盤を与えているものこそ、二人の人物の取り違えによる独裁者とアンチ独裁者の反転可能性であり、それは映画の得意とする一人二役によって実現されている。映画の映画性という観点からすれば、見る者を驚かせるのは平和主義のメッセージ（思想）ではなく、このような出来事が映画の中では起こってしまうこと、現実の、つまりリアリズムの地平を打ち破るような、意想外のシーンそのものではないだろうか。

同様に、『山びこ学校』の演説もまた、今井監督映画にしばしば出現するところの、意想外な表現の一つとして取り上げることができる。これは、ある意味で異様な映画である。この演説や議論の有様は、一人二役でこそないものの、語られている内容よりも、語っているということ自体に注

意が集中する。綴方は、その言葉通りに言葉を書く形態の一種であったが、ここではむしろ、読むこと、朗読すること、あるいは語ることへと比重が移されている。それは音声を含む映画というメディアの様式でもある。その果てに、この表現は、『独裁者』がそうであったように、映画や表象というジャンルが究極に身に帯びている、意味からの脱出と、ある種の強度の体験という局面へと見る者を誘うことになる。それこそが、意想外なものが映画において持つ権利である。言うまでもなくこのようなことは、原作においてはありえなかったことである。ただしそれは原作中にも見え隠れする無着先生を再構成して主軸に据えた帰結でもあって、ここでもやはり映画は原作においてよく見えなかったものを見えるようにし、原作に対して一種の解釈を与え、新たな意味を取り出したのである。

3 『夜の鼓』の原作『堀川波鼓』

今井正監督が初めて撮った時代物は『夜の鼓』である。児玉竜一は、一九八六年までの日本映画における近松門左衛門原作の作品を、『女殺油地獄』五編とそれ以外九編を併せ、計十四編挙げている。[23]『夜の鼓』もまた、近松作の浄瑠璃『堀川波鼓』を原作とする映画である。その名も「初めて時代劇と取り組む」(『芸術新潮』一九五八・二)というエッセーで今井監督は、「その時代の生活を克明に描いていったら、それはかえって古いのではなく、何か新鮮な時代劇になる」という視点

からこの作品を作ったと述べている。[24] 確かにその結果、江戸詰から戻る本陣で侍たちが大汗をかいて仕事をし、武家の妻が潔く自害できず、女敵討も定型的には終わらないなど、原作とは大きく異なった物語となり、この点が批評家の賛否両論分かれるところとなった。

『夜の鼓』の原作は、近松門左衛門の宝永四（一七〇七）年作の浄瑠璃作品『堀川波鼓』である。近松の書いた最初の姦通物であり、『大経師昔暦』（正徳五・一七一五）と『鑓《やり》の権三重帷子《ごんざかさねかたびら》』（享保二・一七一七）を併せて近松の三大姦通物と称する。本作は初上演前年の宝永三年の出来事に取材しており、実説として『月堂見聞《げつどうけんもん》集』『鸚鵡籠中記《おうむろうちゅうき》』などの記事が知られている。[25] それらによると不義密通により妻が夫に斬られ、相手も女敵討に遭ったことは事実であるが、妻お種の酒癖、妻に横恋慕する床右衛門の存在、床右衛門が二人の袖下を取ること、彦九郎に贈られる真苧《まお》（間男に通じる）、女敵討にかかる前の辻占など、『堀川波鼓』を彩る数々の趣向は、すべて近松の創作である。この事情については諏訪春雄らの詳細な研究がある。[26] また改作として加賀掾の『堀江川波鼓』があり、その後本作は歌舞伎では上演されたが、人形劇としては昭和期にＮＨＫで復活するまで上演されなかった。また同内容の浮世草子として『京縫鎖帷子《きやうぬひくさりかたびら》』と『熊谷女編笠《くまがえおんなあみがさ》』があり、当時広く社会現象として話題となり、競って文芸化されたのである。さらに現代劇としても北条秀司、田中澄江が別々に戯曲化しているなど、近世・近代を通じ、第二次テクストとして意外な広がりを見せた作品であったと言える。

『夜の鼓』の脚本は、まず橋本忍が単独で執筆し、「姦通」という題名で『キネマ旬報』一九五七

年秋号に掲載されたが、これは監督の気に入るところとならず、新藤兼人が書き直し、さらに撮影に当たって主演の三國連太郎の意見も取り入れて成ったとされる。[27] 公刊された脚本と映画を比べると、[28] 細部は全編に亙って改変されているほか、特に、脚本の後半には、延源寺という寺にお種が預けられているシーンが続くが、これは原作にある、お種を介錯した後、彦九郎が、「尼にせんとて命をばなぜに貰うてはくれざりしと」と泣き叫ぶ箇所を大きく潤色し、お種の出家を模索した場面かとも思われる。しかし、脚本ではその後お種は出家せずに斬られるので、展開が曖昧であるとして削られたのかも知れない。当時この脚本自体について、志賀皎が原作を改竄したとして厳しい批判を加えている。[29]

最終的に『夜の鼓』において、人物と物語は概ね原作から受け継がれたが、細部の行為と意味付与は大きく異なったものとなった。何よりも、映画では原作の多くの要素が省略されている。まず、近松原作の大きな特色の一つである能・謡曲の要素は取り入れられていない。たとえば、原作の上之巻における観阿弥世阿弥の夢幻能「松風」の引喩、すなわち須磨の浦で在原行平を待ち焦がれて死んだ二人の女の亡霊のうちの一人村雨が、浜辺の松を行平と間違えることを踏まえ、お種が庭の松の木を彦九郎と思って抱きつく場面などである。また、床右衛門に不義の証拠として二人の袖下を取られる箇所も、映画にはない。中之巻では、彦九郎が間男に通じる真苧の贈り物を受け取る場面、またお種の妹お藤が姉を救うべく、自分と一緒になるよう彦九郎に懇願する場面、お種の妊娠、さらにお種が覚悟を決め、彦九郎と対面する際に小刀を胸に刺しているという趣向もない。さらに

下之巻では、「きらずきらず」などの辻占の言語遊戯はなく、源右衛門が鐺などで抵抗する場面も、映画では周囲の小物・調度品を投げつけるだけで終わっている。総じて、「生活を克明に」描くという今井監督の方針のためか、近松が渾身を奮って創作した部分、すなわち実説にはない要素は大幅に消去され、まさしく姦通および姦婦の成敗と女敵討という本筋にのみ、物語が集中された感がある。原作よりも実説に還った側面があり、その意味では、映画が原作から原作以前に遡る一種の《遡及原作》と言えるかも知れない。

4　反時代劇『夜の鼓』の原作と映画

次に、映画の側からとらえ返して、『夜の鼓』の特徴を三点にまとめてみよう。第一に、先述した冒頭のシーンである。これは原作上之巻が彦九郎の帰りを待つお種らの様子から始まるのに対して、映画は参勤の帰路から開幕する。本陣でお納戸係の彦九郎らが大汗まみれで仕事するショットなどが、伝統的な時代物の範疇から逸脱した社会派今井監督のリアリズム的な特色と認められる。その後も様々な時代物が作られていく中で、今日ではその意外性は減殺されているだろうが、それでも特徴的な作り方であることは確かである。

第二に、原作では、上之巻で描かれる出来事、すなわち彦九郎を待ちわびるお種が、床右衛門の横恋慕と酒の勢いで源右衛門と姦通を犯す内容のすべてを、映画では妹お藤らの回想によるフラッ

シュバックの頻繁な挿入として呈示している。このことは最初の脚本である「姦通」の段階から明瞭に見て取れる。これは橋本忍が得意とした手法であり、黒澤明監督の『羅生門』(一九五〇)と『生きる』(一九五二)や、今井監督の『真昼の暗黒』や『仇討』などでもこの手法を用いている。特に『羅生門』は、原作の一つである「藪の中」における複数の異なる供述に基づいた複数のシークェンスを、このフラッシュバックと併用する形で高い効果を上げたことから、人々の記憶に鮮明に残っていたらしく、後述する当時の批評にはこの映画を『羅生門』と比較する文章が幾つか見られる。

第三に、お種は「夫《をつと》の刀の先《せん》するはいかゞとは存ずれども。是は我が身の言訳《いひわけ》なり許して下され是御覧ぜと。胸押開けば九寸五分肝先に切羽まで。刺通してぞゐたりける。あはれなりける覚悟なり」とあらかじめ覚悟の陰腹を切っている原作と違って、映画では単に自害することすらできない。彦九郎も、原作の武士的な潔さとは異なり、事に臨んでその意志・態度が明確ではない。すなわち、お種の死の場面では、「彦九郎刀を抜き。取って引寄せぐっと刺し。返す刀に止《とゞめ》を刺し。死骸押遣り刀を拭《のご》ひ。しづ〳〵しまうて立ったりし　武士の仕方のすゝどさよ」、女敵討の場面では、「然れども彦九郎侍の身で町人を。見苦しとや思ひけん其の身はさのみ働かず。打懸くれば追払《おつ》ひ二三度まで揉ませて是までと。射る矢の如くつっと入り弓手《ゆんで》の肩先馬手《めて》の下《さがり》に。ざんぶと切って打落とせば犬居にどうど臥したりける」とするが、映画ではいずれも煮え切らない態度に終始する。この辺が、多くの批評家の批判を招いた点である。

当時の批評において、網野菊は「画面が簡潔で気持よい。総じて、テンポが早くて無駄がないのはうれしいが、一面、もっと心理描写がつっこまれてなされていたら……と言う物足りなさも、ちょっと感じたのである」[30]と述べ、岩崎昶は「総じてこの映画では、心理や動機がなおざりにされていると思う」[31]として、いずれも人物の心理描写が不十分と批判していた。また岩崎は「橋本忍独自のこの説話法は必然性がなく、だからかえって、技巧の空転の印象をあたえる」[32]とし、郡司正勝も、「問いつめられたお種の告白には、他に実証がない」[33]として、くだんのフラッシュバックに効果が認められないとする。ただし、真相の再構成が、たとえその「実証」が唯一のものであってもフラッシュバックによってなされることは珍しくなく、最後にお種の自白のみによって真相が明らかとなる点も、彼女の良心の呵責の表現とみれば不自然ではない。映画『羅生門』が実現した「藪の中」風の真実の複数性の方が、むしろ例外的なのである。[34]また山際永三は、彦九郎が武士の掟のために妻の殺害と女敵討に追い込まれたとし、「今井正がいつも被害者意識しかモチーフとせず、又現代の悪の実態をとり逃がしてしまう弱点を持つ問題点」を指摘し、社会派としての今井の態度に不服を表明している。[35]

その中でも激烈な批判は、歌舞伎研究者郡司正勝の評である。「武器ひとつもっていない鼓師風情の町人を打つのに、あの逆上した彦九郎の描写は、はじめての殺人のつもりとしても、すでにお種を斬っている以上は理由は弱い」[36]云々と、郡司の批評は非常に手厳しいが、要するに近松の原作は様式美に満ちて格調が高いが、今井の映画はそうではないということである。ポイントは多数に

及ぶが、その核心は、「近松はこの凄惨な姦通事件にまきこまれた夫婦をなんとかして精神的に救おうとしたことが、全曲を通じての態度であった」[37]のに対して、映画の彦九郎は人間として「劣等」「愚劣」であって、今井はリアリズムを標榜したかも知れないがそれは「リアリズムのウソ」、すなわちまことしやかだが武家社会の史実にも原作にも合致しない拵え物に過ぎないとされるのである。[38]

この郡司の批評を念頭に置いて、改めて『夜の鼓』を見直してみよう。まず、今井監督がこれ以降に作った時代劇は、『武士道残酷物語』にしても『仇討』にしても、不条理な武家社会の掟や命令に従わざるを得ない武士の末路を描いている。『武士道残酷物語』は、ある武家が代々、主君に忠誠を尽くすものの全く報われず、次々に無残にも犬死していく系譜を、七代に亙って七話連作で辿ったもので、趣向としてはいわばD・W・グリフィス『イントレランス』（一九一六）の江戸東京版のような作品である。『仇討』は、他家から仕掛けられた決闘に、不本意ながら二度まで勝って相手を斬った若侍が、かつて次男坊同士として仲良くしていた男と、藩長の命により、衆人環視の決闘試合を行って大立ち回りを演じた挙げ句、お家存続のため死なねばならなかった有様を描く。どちらも中村錦之助（萬屋錦之介）主演で、鬼気迫る作品である。これらに明白なように、今井監督には、時代物において、武士道や義理人情その他江戸の美学を、美しいものとして描こうとする方向性などは、さらさらなかったと見なければならない。

翻って『夜の鼓』を見直すならば、お種が原作と異なって自害できないのは、その姿態の瑞々し

さから、生命への執着、生命原理の表現として理解できる。しかも問題の場面における三國連太郎と有馬稲子の演技は、互いに腑に落ちない掟によって死を甘受する諦観からか、斬る側も斬られる側も、呆然とした無表情のままに死を迎えている。また結末の女敵討の場面も、彦九郎は鼻血を出し、無闇矢鱈と無駄に刀を揮い、後始末も自分でできず、妹のおるいに任せている。その最後に見ひらかれた大きな目。これは、浄瑠璃の見せ場としての女敵討に求められる高い格調や様式とは逆の、単にやむにやまれぬ行為としてのみ印象づけられる。これは山本健吉が、有馬の演技について「おそろしい行為をしたようでもあるが、それが本当の罪としてはどうしても意識されない、うつろなような表情である」と、また彦九郎については「鼓師を刺して、望みを遂げたとき、彦九郎は虚脱したような表情で立ちすくむ」と評した通りである。[39] さらに言うならば、彦九郎に殺される源右衛門（森雅之）が、まさに殺される瞬間の表情も、追い詰められ、もはや逃げ場のなくなった状況で、一切の観念を捨て、ただ殺されてしまうだけとしか見えない。つまり、掟に逆らうことはできないが、その掟がいかに不条理なものかを、彼らはその表情の無意味さによって表象しているのである。

たとえば溝口健二監督の『近松物語』（一九五四）の結末で、背中合わせに捕縛され馬に乗せられて市中を引きまわされる不義の二人は、にもかかわらず笑っていた。[40] これはむしろ封建的な家社会の不条理に対する反抗の意味を持ち、原作にはあり得ない、はっきりとした現代的な生命の表現と言えるだろう。逆に、篠田正浩監督の『心中天網島』（一九六九）は、映画から人形劇へのアタ

ヴィスム（先祖返り）を黒衣の再導入によって行い、こちらは人物を無機的な人形へと変化させる手法で、原作以上に凄惨な人間関係の末路を描き切ったのである。[41] それらに対して『夜の鼓』はどうだろうか。

そもそも近松の原作『堀川波鼓』は、前掲の郡司の評言の通り、実説に窺われる悲惨で醜悪な物語を用いて、建前としての掟に従う行為の裏側にある夫婦《めおと》の真情を、様々な趣向によって示唆することで救済しようとしたものと考えられる。それに対して今井監督の映画『夜の鼓』は、近松が物語に与えた文芸的な粉飾を取り払い、ただし単純に実説に戻るのではなく、逆に人物たちを見舞った運命の理不尽さを明白に前面に出すことによって、夫婦の心の生《き》の部分を掬い上げた。少なくとも、郡司が述べるように彦九郎が人間として「劣等」「愚劣」とは、現代の感覚からすれば単純には言えない。むしろその「劣等」「愚劣」とも見える行為を描くことによって、本作には何があろうとも生きたいとする意志と、それを無にする制度の力との対峙する有り様を見て取ることができる。そのように見るならば、近松の物語の方向性を反転することにより、結果的には、映画は一周回って、近松と到着点をほぼ一致させたのではないだろうか。

おわりに

以上のように、社会派リアリズムの作家と見なされてきた今井監督の映画において、割り切れな

い表現や理不尽な不条理は重要な位置を占めている。トルストイのリアリズムを説明したシクロフスキイによる〈異化〉の理論を準用すれば[42]、意想外なものは、意想外でないものを意想外な形で、つまり見馴れたものを見馴れない形で描くためのリアリズムの手法と見なされる。しかし、そこから一歩進んで、日常的な基盤こそ、意想外なものの表現において固有性を獲得する芸術のために奉仕すると言うこともできる。それは、何物の代理表象ともならない、固有の映画的表現にほかならない。またこれは、いわば映画における〈地〉と〈図〉の反転でもある。蓮實重彦は「荒唐無稽」の価値について述べていた[43]。文芸映画をいわゆる文芸的なものにおいて評価するのではなく、意想外なものの権利から再評価することにより、映画も文芸も、新たな受容の方法を見出すことができるのではないだろうか。

今井正が社会派リアリズムの監督であるとしても、そのリアリズムとは、現実を現実らしいものとして描くのではなく、むしろ現実とは、事前に想定されたあらゆる規範を逸脱した、何でも起こりうるような荒唐無稽で不条理なものであることを明らかにする様式であったと言わなければならない。今井監督は、実は器用にいろいろなことができただけでなく、意想外のことを見せつける監督であった。しかしそれは多くの場合、原作の中にもあって、ただし一般には背景に埋《うず》もれていたものではないだろうか。それを強引に引きずり出すことによって、映画は、原作の文芸テクストに、新たな読解を付与したのである。

第六章　反転する〈リアリズム〉　豊田四郎監督『或る女』

はじめに

一九五四年三月公開の豊田四郎監督大映作品『或る女』は、現在までのところ、日本映画史においても、また日本文学史上においてほとんど顧みられることがない。封切り後『映画評論』に掲載された飯田心美の評は、後で見るように「その出来上り工合はまことに寒心すべきもので」、つまりぞっとするような作品とこれを酷評していた。[1] しかし、これは決して単に「寒心すべき」ものとは思われない。映画『或る女』を取り上げた『大映映画プレス』№426は、「日本映画の最高スタッフが、日本文学史に輝〔く〕文豪有島武郎の代表作を得て描く女の悲劇！」と謳っている。この前の年に『雁』で、翌年は『夫婦善哉』、また翌々年は『猫と庄造と二人の女』でキネマ旬報のベストテン入りを果たした豊田を監督に、八住利雄を脚本家に擁し、主な俳優として京マチ子、森雅之、

芥川比呂志、若尾文子を配したこの映画の布陣は、確かに当時として「日本映画の最高スタッフ」と称しても過言ではない。ただしこれまで、特に有島作品研究の立場からこの映画に取り組んだ論考はなかったように思われる。ここでは、第二次テクストとしての映画は原作に対して新たな解釈を行うという観点から、映画『或る女』を検討してみたい。

1 『或る女』の概要

豊田四郎監督について、佐藤忠男は、「近代、現代の日本文学の名作と呼ばれる作品を片っ端から映画化した監督」と呼んでいる。[2] それによれば、戦前期にはいわゆる純文学を映画化することには前衛的な意味があったが、一九五〇年代には文芸映画は一般的となり、「豊田四郎は野心的な前衛ではなくて著名な原作で安定した芸術的価値のある作品をつくるベテラン」という位置づけであったとされる。またその作風には結果的に「一貫した性格」が見られ、それを「強い女と、弱い男との物語群」とし、その淵源を歌舞伎に求め、「美男で女に愛されるがその女性を救い出す力や意志には欠ける弱々しい男たちであり、また、そういう男のためにつくしぬくことを生甲斐とする気丈な女の役及びその演技術の伝統」と定義した。男優では芥川比呂志・池部良・森繁久弥ら、女優では淡島千景・高峰秀子・岸恵子・山本富士子らがそれを印象的に演じたとされる。佐藤は『或る女』については題名だけしか触れていないが、この評価は、概ね『或る女』にもあてはまるもので

ある。しかし、原作である小説『或る女』の一般的なイメージから見ると、映画は物足りなく感じる受容者もあるだろう。また佐藤の歌舞伎由来理論は佐藤の日本映画史全般を覆うものであり、豊田四郎監督だけの問題ではない。さらに実際の映画作品は、それほど単純なものではない。

そこで初めに映画の概略を述べると、映画『或る女』はおよそ一三四分の長さがあり、現在の感覚からすれば長めと感じられる作品である。管見の範囲では、八住利雄のシナリオは三種類がある。うち二つは早稲田大学演劇博物館所蔵の資料で、そのうち一つは「未訂稿」と書かれている。最後の一つは雑誌『シナリオ』の一九五四年一月号に掲載されたもので、これだけが活字である。[3] ①「未訂稿」は全一〇七カット、②二番目のものは一一〇カット、③活字版は九四カットで、内容もそれぞれ異なっている。特に、活字版は絵島丸船中の場面が他の二つに比べて大幅に削除されている。内容から見て、この順序で作られたものと推定できる。しかし、映画はこれら三つのシナリオのいずれとも完全には一致しない。そもそも活字版も、封切り以前に公開されたものであり、それが撮影・編集の過程で大きく変更されたと見るほかにない。これについて大黒東洋士が、封切り前に、撮影現場で助監督から「『改訂分』とハンコをおした台本の一部」を渡されたというエピソードを書いており、八住の脚本は監督も満足のいくものではなく、現場で改変されていたことが分かる。[4] 大黒は事前に脚本を読んだところ、「原作の文学的香気など到底望めないメロドラマ」となっていたことに不満を覚えたとし、監督も「通俗性」つまり大衆受けを狙う会社との板挟みになっていることを述べている。そのような事情で映画とシナリオとの間に大きな違いが生じることとなっ

たのだろう。複数のシナリオはいずれも映画作品と相当部分が異なっていて、ところどころ対応が認められるという程度である。この差異については以後必要な箇所で触れることにする。

　さて、有島武郎の代表作『或る女』は、「或る女のグリンプス」と題して『白樺』に発表された中編を改稿して前編とし、後編を新たに書き下ろして一九一九年三月と六月に叢文閣より刊行された。筆者は小説研究としてモデル論の立場を採るものではないが、論述の便宜のために概説すると、この小説の主人公早月葉子は、作家国木田独歩の先妻佐々城信子をモデルとし、親佐が信子の母豊寿、木部が独歩、木村が森廣、古藤が有島自身、倉地が武井勘三郎をモデルとする。[5]森廣の父源三は札幌農学校の第二代校長を務め、森自身も農学校出身で札幌独立教会員でもあり、有島と交友があった。独歩と別れた後、一女を生んだ信子は、強引に森との縁談を進められ、渡米するが引き返して武井と一緒になる。『或る女』の前編はこのような事件に基づくものとされ、有島も幾つかの文章でこのことを認めているが、たとえば『或る女』後編の「書後」においては、「それは事件の極輪郭だけからヒントを得たので、性格などは全然私が創作したものです。殊に後半の女主人公や事務長の関係は全然無根だと云つていゝのです」と述べている。[6]確かに後編は大枠としてはモデルに基づかない創作であるが、その代わり、後述のように後編の一部は独歩の作品が利用された第二次テクストとなっており、実はそのことが映画にも深く関わっている。

　先述のように飯田はこの映画を「失敗作」と断じていた。[7]その理由として飯田は、豊富な心理描写を伴う「原作をきわめて無雑作な態度で映画にしようとしている」点、ミスキャスト、「演出者

の人選」の失敗などを挙げている。さらに内容に立ち入り、「文字の力でなくては表わしえない部分がフンダンにある」本格的な「リアリズム小説」であるのに、それが十分に描き出されていない点を難詰している。具体的には、葉子の反逆性と生の解放の要求の表現において不十分であると言うのである。飯田のこの批評は、かなり『或る女』を文学史的な常識に従って読み込んだ形跡が認められるもので、その点において一定の説得力はある。しかし、そのすべてが妥当ではないようにも思われる。

2　映画と小説（前半）

映画の登場人物と物語とを概観しよう。[8] まず人物においては、原作において非常に重要な役割を果たす古藤が登場せず、古藤が岡と融合する形で統一されていることを第一に指摘しなければならない。その岡を演じるのは沼田曜一である。原作において古藤は木村の親友で、木村と結婚するために渡米する葉子を助け、またその生き方を批判もする重要人物であり、有島自身がモデルであるとされる。古藤も岡もうぶな若者だが、岡は女性的で病弱、古藤は堅物で一徹な人物として描かれている。原作後編で古藤は入営し、葉子と倉地の家を訪れるが、映画では岡がこの役をも務める。ちなみに、有島は一年志願兵として入営体験があった。これが人物においては最も重要な改変である。

第二に、原作では葉子に二人の妹、愛子と貞世がいるが、映画では貞世は登場せず愛子一人である。原作では、葉子は上の妹愛子をライヴァル視し、下の妹貞世を溺愛するのだが、映画では愛子に対するライヴァル関係のみが強調されている。第三に、原作では婆やとして登場する人物が映画では浦辺粂子の演ずる乳母とめとして名前が与えられ、また女中のつやが映画では小田切みきが演じて、いずれも原作よりも大きく扱われている。浦辺の抜群の存在感は言うまでもなく、黒澤明の『生きる』（一九五二）で準主役に抜擢された小田切もしっかりした演技をしている。

次に物語には無数の相違が見られるが、重要なポイントだけを前半・後半に分けて挙げてみたい。原作は日本に戻ってから以降が後編であり、映画もほぼ真ん中あたりでその部分が始まる。ここで前・後半に分ける。まず前半では、第一に、原作冒頭の葉子が古藤を伴って船の切符を受け取りかたがた買い物をしに横浜へ行くシークェンスは、古藤が登場しないこともあって一切ない。古藤のモデルである有島は、実際に信子とともに横浜へ行ったらしい。「新橋を渡る時、発車を知らせる二番目の鈴が、霧とまではいへない九月の朝の、煙つた空気に包まれて聞こえて来た。葉子は平気でそれを聞いたが車夫は宙を飛んだ」という印象深い冒頭の場面などもないのである。その代わり映画では葉子・木部・とめが三人だけで暗い部屋で三三九度を交わすという陰鬱なシーンが置かれている。冒頭で葉子が本郷への人力車を雇うのが、原作の冒頭の代わりになっているとも見られる。

第二に、葉子の木部との馴れ初め、木部をめぐる親佐との確執、木部との結婚生活の破綻については、原作ではすべて過去の回想として前編に点在する形となっているが、映画ではこれを現在の

起点として展開する。質・量ともに大きく前面に出されており、木部との生活については映画の初め四分の一ほど、二十六分超の長さで展開される。他方、「その頃『國民文學』や『文學界』に旗挙げをして、新しい思想運動を興さうとした血気なロマンティックな青年達に歌の心を授けた女の多くは、大方葉子から血脈を引いた少女等であつた」という葉子の「新しい女」らしさ、あるいは「十五の春には葉子はもう十も年上な立派な恋人を持つてゐた。葉子はその青年を思ふさま翻弄した。青年は間もなく自殺同様な死方をした」などのアンチ男性性は、原作では回想ながらも克明に叙述されるのに対して、映画ではほぼ全く存在しない。これは先に挙げた飯田の「映画では、この葉子の反逆性を克明に示め《ママ》した個所がない」という批判に繋がる。[9] つまり葉子は、家父長制や家族・婚姻制度や男性支配に反抗する「新しい女」としては造形されていない。ただし、場面によって巧みに表情を変える京マチ子の演技は格調高く、決して低俗な映画にはなっていない。

第三に、古藤が割愛された反面、信欣三が演じる牧師内田と滝花久子が演じる内田の妻が明確に描かれる。内田の妻は原作では「細君」と呼ばれるだけだが、映画はプレスなどに「房枝」と名前が明記されている。内田は葉子を幼い頃から「小猿」と呼んで可愛がったが、木部との結婚の際に逆鱗に触れ、絶交状態となったという設定である。映画では内田とその妻の仲がしっくり行っていないこと、内田が葉子を尋常でなく愛していることなどが取り上げられ、内田夫婦が葉子・木部の夫婦関係の鏡像として暗示されている。ところで内田は内村鑑三をモデルとする牧師である。そもそも『或る女』はその主要な登場人物、葉子・古藤・木村・岡・親佐・五十川女史、さらに葉子の

親族らも皆クリスチャンであり、基督者の社会が家父長制社会の縮図として位置づけられ、札幌独立教会を離れた有島のキリスト教問題の尾を引く作品とも見なされる。映画では、原作と同じく親佐が「キリスト教婦人同盟の副会長」とされ、また原作にはない激昂した内田が葉子の十字架のペンダントを引きちぎる場面はあるものの、キリスト教が問題となることはなく、内田も宗教色とは無縁の単なる妻帯者、あるいはむしろ夫婦関係に問題を抱えている男としてのみ登場する。

3 映画と小説（後半）

続いて後半の問題点を挙げてみたい。第一に、船の事務長を辞めた倉地が国際スパイの仕事に手を染めて地下に潜伏し、仲間の正井が倉地の不在の際に葉子を強請に来る場面は原作にもある。（ただし、映画では正井は正木と呼ばれ、正木と船医興録が一緒に現れる。）だが、刑事に追われた倉地が嵐の夜中に葉子のもとを訪れ、そこに刑事が踏み込んでくるシーンは映画で新たに付け加えられた。特に倉地の森雅之は変装し、中国服に眼鏡をかけて登場する。原作では、倉地が何をやっているのか明確ではなく、特に最後の方では完全に姿を隠してしまう。映画ではこの捕り物劇が置かれることで事態をより明らかにしたと言える。

第二に、いわゆる「断橋」挿話の部分についてである。原作『或る女』の後編第三十七章は、倉地と鎌倉滑川に遠足に来た葉子が、海岸で木部と再会する場面を描くが、この場面を有島は戯曲に

改作し、最晩年に個人雑誌『泉』(一九二三・三)に発表した。前述のように有島は森廣との繋がりで佐々城信子を知っていたが、それだけでなく、独歩の小説作品を参考にして『或る女』を書いたことが明らかにされている。中島礼子の詳細な研究によると、「おとづれ」「第三者」「鎌倉夫人」「運命論者」などがそれにあたる。[10] そのうち、第三十七章は三人が邂逅する要素が「鎌倉夫人」から、また人生観における諦念については「運命論者」から取り入れられた。「断橋」ではさらに、第三十七章では省略された「運命論者」の核心をなす高橋信造の物語、つまり父を捨てた母の娘、すなわち父親違いの実の妹を妻としてしまった話が復活して挿入されている。その結果として「断橋」は、有島の『或る女』という物語のコンテクストと、独歩の「鎌倉夫人」「運命論者」のコンテクストとが響き合って、得も言われぬ意味作用を可能にする第二次、あるいは第n次テクストとなっている。江頭太助はこの経緯を検証し、「この論理によれば、有島は、この『空虚』感に触発されて、『或る女』の木部や『運命論者』の高橋をニヒリスティックに共感し合う関係に結び直し、その地平に倉地と葉子を『本能的生活』者として設定する意図があったと読みとれる」と述べている。[11] この江頭の論は、作者の問題とテクストの問題とを自在に混同して論述する論法ではあるが、結果的には「断橋」の問題を的確にとらえていると言える。

さて映画『或る女』は、この第三十七章挿話を映像化している。ここで芥川の演じる木部が、かつての執着を脱色され、悟ったような諦念もあらわに登場して、葉子・倉地の濃密な関係と対照される。たかだか六分間のシーンであるが、その効果は明白である。またここには「運命論者」の高

橋やその運命については盛り込まれていないが、八住利雄の脚本さらに映画も、有島の戯曲「断橋」を参照して作られたと推定しうる可能性がある。このシーンは、『或る女』と「断橋」の、複数の作品に原作を仰いでいるのではないだろうか。[12] その徴表としては、第一に、「私はあれから落伍者です」という原作の一節が、「断橋」と共通にシナリオ（活字版、以下同）および映画では「落伍者」ではなく「落武者」となっていること、第二に、シナリオおよび映画の、木部「葉子さんをたしかにお返しします」、葉子「（口惜しそうに）まあ、まるで品物みたいに……」という一節は、「断橋」における木部「それでは葉子さんをたしかにお返しします」、葉子「まるで品物かなんぞのやうですのねえ」と対応するのに対して原作にはなく、シナリオの言葉は「断橋」を受け継いだと考えられること、さらに第三に、それを受けて「断橋」では「三人笑ふ」、シナリオでは「倉地が大きな声で笑う」となっているのが、同じく原作にはないことなどが挙げられる。

なお映画はシナリオと相当に異なるが、ここで指摘した言葉に限れば、映画とシナリオは同じである。ただし、最後の箇所は、映画では倉地と木部が声を揃えて笑っている。映画のこの笑いは効果的で、結局「断橋」と映画では実際に、女が男の間で交換・贈与される「品物」、つまり性的商品として意味づけられる一種のホモソーシャリズムが示唆される。さらに映画では、まるで倉地と木部が、男同士の絆をもつ旧知の仲間であるかのように撮られている。

第三のポイントとして、原作の結末部では、第四十七章から最後の第四十九章に至るまでの間、葉子の心境は好悪の波に繰り返し襲われる。「間違つてゐた……かう世の中を歩いて来るんぢやな

かつた」と四十七章の葉子は独白するが、その後も最後まで周囲の者を巻き込んで錯乱を繰り広げる。映画は、葉子が手術室で麻酔をかけられる場面で終わるが、これは原作の第四十八章にあたる。しかし最後の四十九章で、手術の失敗から死期を悟った葉子は、手術の前につやに書き取らせた改心するかのような遺言をつやに焼かせ、古藤に使いを頼んで内田を呼び出し、娘の定子の後事を託そうとする。シナリオには、この遺言の件と、それから最後に内田が現れて、苦しむ葉子に対して十字を切り「……あなたは肉に走つて、魂を失つた人です……」などと駄目押しの言葉を投げかけるくだりがあったが、一切映画化されなかった。代わりに手術台に上がった葉子は、「生きたい！あたしは生きたい！　生きて幸せにならなきゃ！」と繰り返し叫ぶ。すなわち、原作とは異なり、葉子は改心もしない悪女のまま、しかし生命への執着と幸福への憧れを抱いて死んでいったというのが、映画の終わり方なのである。ちなみに、原作では葉子の病気は子宮後屈症・子宮内膜炎と設定されていて、これが倉地との関係を続けるのには致命的だと葉子が思う理由となっているが、映画では病名ははっきりしない。

最後に第四のポイントとして、義和団事件と千人針の挿話が挙げられる。これは唐突で、原作にもシナリオにも一切現れず、映画にだけ出てくる。後半の場面で、愛子に軍服を繕ってもらいながら、岡が愛子に義和団事件のことを語り、自分が出征する時は千人針を作ってくれるかと尋ね、また最後に病院で葉子の手術を待つ場面でも、愛子は「あたし、ほんとに千人針、作るのかしら」と言う。確かに北清事変で日本は紛争地に出兵した。斎藤聖二[13]によれば、一九〇〇年五月に義和団が

北京・天津において破壊活動を行うと、仏英独は派兵を決定し、日本は列国の中では最初に、砲艦愛宕の陸戦隊が上陸して天津に入り、五月末には横須賀から巡洋艦笠置が出航した。以後増派を繰り返し、九月には二万以上の兵力となり、これは十五万以上を送ったロシアに次いで二番目の規模である。

しかし、原作『或る女』は、西垣勤・山田昭夫・さらに中村三春の研究から、明治三四（一九〇一）年九月の中下旬から翌年七月までの物語であることが知られている。[14] 義和団事件が大きくなったのは一八九九年の年末であり、終息にあたって最終議定書に調印されたのは一九〇一年の九月七日であって、『或る女』の物語はその後から始まっており、時期はずれている。もっとも映画は冒頭に「明治三十年代のはじめ――」と字幕が出ており、北清事変と重なる時期に設定されたということになる。また、原作の時間も現代の研究によって初めて精査されたことに過ぎない。一方、千人針は日清・日露戦争当時に始まったらしいが、一般的となったのは十五年戦争においてだろう。一九五四年の恋愛映画で出征や千人針の話題が登場するのは時代性とともに、本書の序説で論じた『雪国』とも共通する豊田監督の現実性重視のためかも知れない。ただし、繰り返し触れられていて印象的ではあるものの、原作にもシナリオにもなく、また十分な展開はされていない。

4 「女房的文学論」と第二次テクスト

さて、このような映画『或る女』は冒頭に見たように評判は芳しくないが、しかし小説『或る女』研究の観点からすると、まことに興味深い要素があると言わなければならない。それは葉子と木部の関係を原作以上に大きく膨らませ、それと合わせて原作にもある葉子と倉地との関係の悪化をもより明確に描き出している点である。またそれは、平野謙が『或る女』に即して論じた「女房的文学論」(『文芸』一九四七・四)の論点とも重なる問題である。[15] すなわち平野は、小説における「葉子の恋は然しながらそろ〳〵と冷え始めるのに二週間以上を要しなかつた。〔……〕後ろから見た木部は葉子には取り所のない平凡な気の弱い精力の足りない男に過ぎなかつた。筆一本握る事もせずに朝から晩まで葉子に膠着し、感傷的な癖に恐ろしく我儘で、今日々々の生活にさへ事欠きながら、万事を葉子の肩になげかけてそれが当然のことでもあるやうな鈍感なお坊ちゃん染みた生活のしかたが葉子の鋭い神経をいら〳〵させ出した」云々の箇所を引いて、「ここに世のいわゆる女房というものによってながめられた男性の弱点はほぼ典型的に収斂されてある。そして、その辛辣骨を刺すリアリズムが『後ろから見た』女房的視点に支えられている事実にこそ、いま注目すべき最大の徴表が横たわっているのである」と述べた。[16] 平野は、『或る女』『家』『土』に代表されるとする日本自然主義を「女房的リアリズム」と呼び、その性質を詳述している。この論は、「男性の

弱点」を厳しく追及する「女房的肉眼」において『或る女』を評価する一方で、結局は日本の自然主義が没理論・没歴史に終始し、階級性や社会性に乏しかったことを批判している。そして、後続のプロレタリア文学もこの問題を止揚しえなかったと批判するのである。

平野の「女房的文学論」は、「政治と文学（二）」（『新潮』一九四六・九）で小林多喜二の「党生活者」におけるハウスキーパー問題を批判し、その目的論・全体論を照射する視点として有島の「宣言一つ」を定位した「『政治の優位性』とはなにか」（『近代文学』一九四七・一〇）と並んで、平野による有島再評価論の双璧をなす評論である。それは政治と文学やリアリズムの問題において女性の視点を重視するいわばジェンダー批評の先駆者としての平野の論法において繋がっており、中山和子の克明な研究によれば、自らの恋人が共産党のハウスキーパーとなった平野の体験にも由来するとされる。[17]中山はプロレタリア文学がリアリズムの方法論を洗練しえなかったところに「党生活者」の問題が生まれたとして、平野の論を総合的にとらえている。一方、藪禎子は逆に平野を批判し、これは女性を没理論・没歴史と見なす偏見、また女性を「女房」によって代表させる偏見の所産であり、平野も自然主義も結局は「亭主的肉眼」「亭主的リアリズム」に過ぎないと酷評している。[18]中山もまたこれを受けて、平野は男性作家が「女房的肉眼」を持つことを評価しているだけで、女性自身が作家となって問題を追及することなど思ってもみないと展開する。

この問題に対する私見は後回しにして映画に戻ると、映画はその前半において、葉子の「女房的肉眼」に寄り添うように作られていることは明白である。三人だけの三三九度の後、木部は仕事を

しなくなり、寝床を離れず、葉子の昔の恋文を盗み読みして葉子に嫌がられる。小説が売れず、家には金がなくなり、東京に出かけても空しく戻って、詩歌と戯れるばかりである。原作と同じく映画でも葉子は自分のことを自嘲的に「世話女房」のようになってしまうと言う。さらに、映画化されなかった部分のシナリオでは、木部が厨房に入って料理の作り方に口を出し、葉子に「台所へいらつしやる時間があつたら、お仕事をしてほしいの」と言われる一節もある。またシナリオでは、売掛の精算を求める酒屋の小僧に「お願いだから、もう二三日待つて……お金ないのよ、今……」と情けない様子で断る場面もある。これらは先の大黒の訪問記にある「通俗性」の要素にあたる場面とも見られ、豊田監督はこれを少しでも払拭しようとしてこの場面を削ったのだろうか。それでもなお、木部のだらしなさと家庭にあっての葉子の苦しみは、原作以上に映画では強調された。もっとも、原作では日清戦争の従軍記者としての木部の高い名声があり、それが葉子を木部に走らせたこと、また、木部は親佐のお気に入りでもあり、葉子と親佐との対抗関係が、葉子と木部が結びつく要因となったことも書かれているが、映画には現れていない。そのため、木部は登場の当初から、多少ロマンチックなところはあるにしても、怠け者の三文文士としか映らない。

また、後半においても、生活の面が大きく描かれる。とはいえ、葉子と倉地の愛の巣が長続きせず、愛子へのライヴァル視、倉地と別れた家族との関係への疑惑、正井らの強請、倉地の地下生活、葉子のヒステリーと病気、そして手術へと、葉子が転落して行く道筋はほぼ原作に従っていると言ってよい。ただし、古藤が登場せず、古藤と一体化された岡が、古藤の持っていた（原作本文中の

言葉を借りれば）物事を「sun-clear」に見極めようとする実直な態度を与えられていないために、原作にあった倫理的な問いかけは希薄になっている。むしろ映画において、古藤に代わってそれを行うのは若尾文子の演じる愛子である。映画では、陰険な葉子に対して愛子は明るく、岡の軍隊口調「であります」などを真似たり軍帽を被ったりする。愛子は葉子を「すっかり負けておしまいになったお姉さま」と気遣い、「駄目ねえお姉さま。どうしていつもそうご自分から幸せをお捨てになるの？　どうして幸せを取り逃がしておしまいになるの」「なぜ倉地さんをもっと暖かく迎えてお上げにならなかったのよ」などと批判する。ほとんど会話の言葉を与えられない原作の愛子とは大きな違いがあり、原作の古藤が持っていた、葉子に対する批判性を愛子が代行するものと見なしてよいだろう。

原作でも、葉子のライヴァル、あるいは葉子のコケットリーの後継者として愛子は描かれていたが、映画ではこのようにして、愛子の存在感や魅力がさらに印象深いものとなった。ある意味では、同じ女性自身から葉子の歪みが批判されることによって、作品としては藪・中山らが挙げたような「女房的肉眼」の限界を解消しているとも言えるだろう。原作における葉子の歪みは、自分の戦うべき当の相手である男に結局は依存し、まさに当初は敵であったはずの上流家庭や家父長制社会における妻然と振る舞う以外に反抗と生存の方途を見出せないことにあった。[19]その結果として、彼女は自己を主張すればするほど自己を破壊するという下降的な螺旋運動に陥ったのである。それに対して愛子は、家庭や社会において巧みに立ち回りながら、それでいて自己破滅に陥らないようなし

たたかさを身に着けた女性として、その将来を想像することもできなくはない。いわば、内田や古藤の介在以外には、ほとんど未来を予想することもできない原作の世界に対して、映画は、愛子に大きく照明を当てることによって、いささかの可能性を見出したとも言える。それは第二次テクストとしての映画が原作に施した、かつてない解釈であると言うべきである。もっとも、そのような愛子が可愛い女性として演出され、出征する男に対して千人針を縫って銃後で奉仕する立場でしか呈示されないのは、その先にあるもう一つの限界かも知れない。これは冒頭で紹介した佐藤忠男による「男のためにつくしぬくことを生甲斐とする気丈な女の役及びその演技術の伝統」の枠内にとどまるものでもある。[20]

そしてまた、それは飯田心美による、この映画は原作にあった葉子の反逆性や生の解放の主張を十分に汲み取れていないという批判にも通じることだろう。それらの点から見れば、確かに原作の成分を希釈した映画だと言えないことはない。しかも、原作『或る女』の魅力は、単に人物と物語にのみあるのではない。類い希な比喩表現と、直訳体に近い強靱な欧文脈による文体と修辞が、内容の強度と相まってこのテクストの魅力を形作っている。「太陽が西に沈む度毎に減じて行つた」、「火と涙とを眼から迸しらせて」、「火と燃え上らんばかりに男の体からは desire の焔《ほむら》がぐん〳〵葉子の血脈にまで拡がつて行つた」などの文章を、もしもそのまま映像化するなら異様なまでに前衛的なものとなるだろう。また確かに映画は、葉子や倉地の欲望の表象に成功しているとは言えず、その十年後には普通となった肉体の露出や肉体的音声・音響の導入などもない。この映画で最も官

能的なのは、倉地の侵入の際に狸寝入りをしている愛子の唇であり、本来売り物であるはずの葉子の肉体は、多くの場合和服に覆われて露出しない。その意味では、映像の肌理として極めて禁欲的な映画なのである。もっとも、原作でもたとえば船室における葉子と倉地の情事の場面などは、情事というよりは観念的な摑み合いのようなもので、官能的と言うにはほど遠い。つまり『或る女』は、もともと観念的・理念的な小説であり、その意味では禁欲的な作品なのであって、これをリアリズムや自然主義と呼んだのが最初の間違いなのである。そして、『或る女』をリアリズムと呼ぶのが間違いであるとすれば、これを「女房的リアリズム」と呼ぶのもやはり間違いだということになる。

おわりに

ここで平野謙の所論に対する論評に戻ろう。「宣言一つ」と「党生活者」問題については既に論じたところであるが、[21]「党生活者」が目的のために手段を選ばない女性蔑視の人物を無批判に描いていたとして、そのことは運動の倫理にとっては確かに重大なのだろう。だが、その「党生活者」批判が正しいとしても、その論法はこの小説を運動倫理の観点からしか見ていない視野の狭い見方に過ぎない。今やナップのメガネだけでなくプロレタリア文学のメガネも外すべきではないのか。そして同じことは「女房的文学論」についても言える。文字通りのリアリズムなどというものが存

在するのだろうか。仮に「後ろから見た木部」が前から見た木部と大きく異なっているとしても、それは人間は単純なものではなく、局面と場合に応じて複合的な相貌を示すということ以外ではない。描かれる対象が相対的なものであるとすれば、それを固定的に正しく描くリアリズムなどというものは存在しない。リアリズムは、芸術思潮ではあっても様式ではない。つまり、正しいリアリズムの方法論などというものはなく、立場によって何がリアリズムかは異なる。そして、世の中には横光利一のように、リアリズムなどというものは「そんなものなどあらうとは思へない」とする作家もある。[22]

原作の一般的な評価に対して第二次テクストの評価を従わせる必要はなく、映画は原作に対して原則的に自由な立場にあると言うほかにない。この映画の魅力的な特徴を数え上げれば、第一に、イプセンやトルストイを範とした西洋流近代小説を模した原作『或る女』に、「女房的肉眼」の要素を増し、日本近代における家族小説の色彩を濃厚に注入したことである。具体的には、葉子・木部、内田牧師と妻、葉子と娘定子の関係を拡大し、シナリオはさらにそれを大きくしようとしていた。原作は非常に西洋的で、地に足の着かない印象も拭えなかったのに対して、映画はそれをいわば日本化し、言い換えるならば、原作の内にもあった家族小説的な側面を掘り起こして強化したのである。第二に、場面によって表情を変える京マチ子、落ち着きかつ大胆な森雅之、原作よりも大人びた若尾文子の三者三様の演技の交錯により、豊かな劇映画となった。原作は葉子の独り相撲に終わっている感があったが、特に、愛子によって葉子に批判的な態度を明確に打ち出した点におい

て、「女房的文学」の枠をもはみ出す批評性が加わったと言える。第三に、古藤を消去し、内田を格下げし、結末の葉子の改心を捨象した結果、作品としての思想性は著しく希薄となった。だがその反面、ヒロインの性格悲劇としての性質が増し、原作にもあったそのような要素が拡大されたとも、また一面化したとも言うことができる。そして、これもまた原作『或る女』に対する一つの解釈の所産であると言わなければならない。

第二次テクストは、原作に対してそれを超えたり、それを模倣したりする必要はない。映画から折り返す『或る女』は、第二次テクストをも含む『或る女』現象とでも言うべき場の総体において、この物語に織り込まれた明暗を明らかにすると言えるだろう。そして、今や『或る女』から折り返し、また有島武郎から折り返して、リアリズムのとらえ方を見直すことも必要ではないだろうか。

第七章 擬古典化《アルカイスム》と前衛性 篠田正浩監督『心中天網島』

はじめに

篠田正浩監督の映画作品『心中天網島』（一九六九）は、一種、奇跡的な作品である。近松の浄瑠璃に原作を仰ぐいわば古典的な物語をほぼ踏襲しながら、その映像と音響の表現はこのうえもなく前衛的である。人形浄瑠璃・歌舞伎の黒衣を登場させ、ＡＴＧ（日本アートシアター・ギルド）の低予算を逆手に取った道具立てを用いるなど、映画から人形劇・演劇へのジャンル的逆行とも言うべき手法を導入し、そこに美術・音楽・撮影・編集などの高度に先鋭な様式化を施すことによって、回帰の要素と革新の要素とを止揚する前衛性を獲得しえたのである。本章では、近松世話物の原作による映画としては溝口健二監督の『近松物語』（一九五四）、今井正監督の『夜の鼓』（一九五八）などと肩を並べ、前衛的文芸映画としては勅使河原宏監督の『砂の女』（一九六四）と並び称され

るべきこの作品を、本書で追究してきた第二次テクスト理論を方法論として論じてみたい。

1 『心中天網島』の原作と映画

映画『心中天網島』は一九六九年五月二四日公開の一〇四分の作品である。製作は篠田の表現社とATGの提携で、脚色は富岡多恵子・武満徹と篠田の共同となっている。第四十三回キネマ旬報ベスト・テン日本映画第一位、第二十四回毎日映画コンクール日本映画大賞を受賞するなど、同時代の評価は非常に高かった。公開時、ドナルド・リチーは「これは篠田の最高作である、日本映画十年来の最高作の一つに数えられる。これは秀作だ」と絶賛し[1]、林玉樹は「この映画は篠田正浩が最も社会的に認められた映画だった」、「『心中天網島』がATGで空前の大当りをとって、篠田株は、がぜん上った」と回顧している[2]。篠田はこれ以前にも『暗殺』（一九六四）や『異聞猿飛佐助』（一九六五）などの時代物を撮っていたが、早稲田大学で専攻したことから、近松など近世演劇を中心として日本の古典演劇への理解が深かったことは、この映画以後、彼の書いた数多くの古典演劇論・自作評・回想などの評論類からも明らかである。そのためもあって原作論の観点からも方法論的な映画であり、篠田の言説を踏まえる必要があるが、他方、すべてが監督の方法論に収まる映画というものはない。

原作である近松門左衛門の『心中天の網島』は、享保五（一七二〇）年の大坂竹本座が初演であ

る。近松円熟の六十八歳の折の世話浄瑠璃で、「近松の世話物中の最高傑作」と重友毅は評している。[3]事実を元にしたらしいが詳らかにしない。[4]三段構成で、上之巻は河庄、中之巻は紙屋内、下之巻は大和屋の段と道行「名残の橋づくし」、それに心中場から成る。祐田善雄によれば「初演当時の興行事情はほとんど判らない」[5]が、その後改作物がしばしば上演され今日に及ぶ。代表的なものが安永七（一七七八）年近松半二・竹田文吉合作の『心中紙屋治兵衛』で、一八〇〇年代初期の文化年間に『増補紙屋治兵衛時雨《しぐれの》炬燵《こたつ》』が作られ、特に紙屋内の場合は『時雨炬燵』と呼ばれる。[6]浄瑠璃全編は時間的に長いため部分的に上演されるのが通例であるが、近松の場合、特にその文体の特徴から語りが難しいことも改作が行われる理由となる。現代の豊竹咲大夫は、「近松の特徴である字余り字足らず」のために、「演者としては語りにくい」とし、原作は『時雨炬燵』に比べて「非常に固い」と述べている。[7]

この「字余り字足らず」の件は、篠田の『河原者ノススメ』によれば、映画製作前に先代竹本綱大夫から聞いて認識していた。[8]映画を概観すると、物語は改作系統ではなく原作に依拠し、三段構成もほぼその通りに踏襲されている。篠田は、改作ではなく原作に拘ったと『日本語の語法で撮りたい』[9]などで述べている。ただし、特にオープニングで、現代の文楽の舞台裏の映像に篠田と富岡の電話の会話がヴォイスオーヴァーとして重ねられ、また道行は原作の華麗な文章とは異なり墓場で最後の性交をするシーンを挿まれ、さらに心中場も原作とはかなり違った演出となっている。シナリオが公表されたが、[10]物語の大枠は映画に移されたものの、演出によって特に冒頭と結末、また

細部においても多くの変更が認められる。

篠田監督は本作品の構想や技法について、相当の分量の発言を行ってきた。エッセー「近松、その即物性と呪術性」では、近松の「日常風景から呪性空間への転移の鮮やかさ」をシェイクスピアにも準えて語っている。[11] そのような呪術性・周縁性・賤民性が、篠田の近松観の基盤となる。特に篠田による映画公開直後の言説は、評論集『心中天網島』に収められている。エッセー「心中天網島考——虚実皮膜論の現代的意義」において、篠田は浄瑠璃・人形劇・歌舞伎などが、いずれも賤民の芸能を基礎として発展した芸能であることを踏まえた上で、「しかし、近松は、社会の風俗習慣とか、個人的弱点とかその他諸々の人間の悲劇を誘うような因果律にしばられた素材をふり捨てて、個々に独立した人間が、夫々の立場で自由にその意志を決定し行動せしめたのである」と述べる。[12] エッセー「黒子の発想」では、この人間の意志の表現を反社会的なエロティシズムに求め、「モラルとエロティシズムの板ばさみ」から治兵衛は死を選ぶとする。[13] 久保覚が当時の鼎談で「死とエロティシズム」の存在を指摘していることから見ても、これは大方の見るところと一致していたようである。[14] 原作に濃厚にあるとは言えないエロティシズムの要素を拡大し、個人の欲望として構想したのは、映画による原作の現代的な解釈である。ただし、「死とエロティシズム」は、当時は新鮮だったかも知れないが、現在ではいささか紋切型めいてはいないだろうか。

2　映画『心中天網島』の特徴

この映画を見る者は、誰しも黒衣（黒子）の登場に対して驚くことだろう。近松の頃は一人だった人形浄瑠璃の人形遣いは、竹田出雲作・享保一九（一七三四）年の『蘆屋道満大内鑑《あしやどうまんおおうちかがみ》』から三人遣いが始まったとされる。人形遣いは主《おも》遣い・左遣い・足遣いに分かれ、このうち主遣いは顔を出すが、それ以外は黒頭巾を被る黒衣であることが多い。歌舞伎では舞台で補助役を務める者が後見《こうけん》と呼ばれ、後見は黒衣の場合も、また紋付袴の出後見、あるいは裃後見のようにそうでない場合もある。[15]文楽の後見は介錯とも呼ばれ、黒づくめの後見すなわち黒衣のほか、顔を出した出遣いもある。いずれにしても黒衣は、文楽・浄瑠璃では見えない者という約束だが、映画はそれを補助的な役割から人物へと格上げし、明らかに見える黒衣にしてしまったのである。

篠田監督は先の「黒子の発想」において、説経浄瑠璃の『山椒大夫』の結末で山椒大夫が首を切られるノコギリに触れ、いわばそれを持ってくるような存在として黒衣を導入したと述べ、またそれは、「呪術的世界」からの差し金であるとする。[16]その内実は後で吟味するとして、このような篠田の周縁的・祝祭的世界への思い入れは、映画では『桜の森の満開の下』（一九七五）、『はなれ瞽女おりん』（一九七七）、『写楽』（一九九五）や『梟の城』（一九九九）その他多く、また近松『鑓の権三重帷子』（享保二・一七一七）を原作とする『鑓の権三』（一九八六）や、河竹黙阿弥の歌舞伎

『天衣紛上野初花《くもにまがふうへののはつはな》』（明治一四・一八八一初演）を原作とする『無頼漢』（一九七〇）もある。著作においても、後の『河原者ノススメ』などに顕著である。先の「心中天網島考」では、黒衣は「私たちのカメラの眼でありその男女の秘密をのぞきこみたい観客の欲望の代行者であり」、その姿を「心中という甘美で反社会的な世界を作り上げた、悦楽者にして偉大な涙の持主である近松のもう一つの表情ではあるまいか」と述べている。[17]

またエッセー「映像がつくる空間——言語」では、黒衣の導入は「現実のパースペクティブをすべて虚構化するためであった」とし、[18]さらに『私が生きたふたつの「日本」』においては、「近松が作劇した虚構を、黒衣を介在させることで現実化する微妙な瞬間、つまり虚実皮膜を観客が見つめることが可能ではないか、と私は意図したのである」としている。[19]前者では現実を虚構化すると述べ、後者では虚構を現実化すると言うのである。また後者では、河竹繁俊教授から、近松の虚実皮膜論を学んだことにも触れている。エッセー「心中天網島考」の副題も「虚実皮膜論の現代的意義」であった。穂積以貫『難波みやげ』（元文三・一七三八）の一節にある虚実皮膜の説は、「藝といふものは実と虚《うそ》との皮膜の間にあるもの也」「本の事に似る内に又大まかなる所あるが、結句藝になりて人の心のなぐさみとなる」とする。[20]芸が虚実皮膜の間にあるとは、芸が一定の様式性・虚構性を備えていることを示し、その様式化・虚構化は、「大まかなる所」つまり取捨選択・省略・抽象化などによって成立することを述べたのだろう。もっとも、『難波みやげ』は直接黒衣に触れているわけではない。この映画における黒衣の登場は、極めて前衛的な演出であった。このことは

後にまとめて論じよう。

次に音楽と美術、舞台についてである。小学館版『武満徹全集』第五巻の記事には、一九五八年の六月と一一月の二回、「心中天の網島――らじお・いりゅうじょん」（六月の方は副題がカタカナ表記）と題するラジオドラマが毎日放送により放送されたとある[21]。このうち六月の方は音源が失われ、一一月の方は冒頭部分が全集のCDに収録されている。篠田がこのいずれかを聴いたことが、この映画の着想の源となったと篠田は複数の場所で述べている[22]。篠田映画に武満が音楽を提供したのは第二作の『乾いた湖』（一九六〇）が最初で、同じ映画で初めて脚本を提供した寺山修司が介したらしい[23]。富岡多恵子は詩人として活動していたが、「近松のダイアローグを現代語に訳す[24]」ための適任者として篠田から脚本を依頼され、これ以降、小説や評論で大成し、後に『近松浄瑠璃私考』を書くことにもなる。ちなみに、篠田の近松論が文化における周縁の理論を中心とするのに対して、富岡は「『心中天網島』と私」や『近松浄瑠璃私考』において、むしろ近松物では世俗の男女夫婦関係に関する解釈に比重を置いている[25]。

この映画の冒頭には、闇黒の画面に製作会社のクレジットが表示され、それが消えて闇黒のまま、バリ島のガムランの音が響く。その印象は、混乱と狂騒の予兆である。ガムランはインドネシアの民族楽器による合奏形態の総称である。『武満徹全集』第三巻の『心中天網島』の記事には、「音の素材　電話のベル、電話での会話（篠田正浩、富岡多恵子）、拍子木、義太夫、梵鐘、太棹三味線、薩摩琵琶（鶴田錦史《きんし》）、団扇太鼓（法華太鼓）、バリ・ガムラン、トルコの笛と太鼓」とある[26]。この

うち電話のベルから義太夫までとガムランは、オープニング・タイトルバックを兼ねた人形浄瑠璃の舞台裏の映像と、篠田・富岡の電話の会話のシーンまでに登場する。その後は橋の場面で、ここでは遍路の行列が法華太鼓を叩きながら交信し、治兵衛とすれ違う。その後、三味線・琵琶も入るが、基調をなすのはガムランで、トルコの笛は最後の治兵衛の死の場面に重ねられる。

武満全集の解題では、「この浄瑠璃作品の映画化にあたって、武満は日本の伝統的な音楽表現は使わず、［……］プリミティブな音色を場面の要所に入れた」と評価する[27]。武満の作曲史を通観した楢崎洋子は、邦楽器をオーケストラと調和ではなく対置した一九六七年の『ノヴェンバー・ステップス』から一歩進んで、オーケストラではなく他の民族楽器と邦楽器を「互角に使っている」と分析する[28]。また楢崎は結末のトルコの笛について、「三音のみを使って蛇行的に順次進行する。そのメロディは、モノクロームの映像のなかで寒々と吹き抜ける風の音のようである」と適切に解釈している[29]。このような武満の音楽は、無機的で非調和的な本作の様式において、非常に大きな比重を占めていて軽視しえない。

美術に目を向けよう。篠田の『日本語の語法で撮りたい』によれば、ＡＴＧの低予算映画として美術に金をかけられないので、セットの土台となる敷台を使い、浮世絵や読本の写真を拡大してそれに貼って用いた[30]。また篠田の談話をおかむら良が伝えるところによれば、篠田の従姉・篠田桃紅の書が用いられた[31]。美術を担当した粟津潔の同時代のエッセーによると、「死の、白々しさ、むなしさを配給すること」に重点を置いてセットが考案された[32]。美術についてその特徴を挙げるならば、

河庄の場面も紙屋内も、たとえば溝口の『近松物語』に登場する大経師の大店のような本格的な店構えなどではなく、敷台のパネルを組合せ、そこに文字や絵や血糊のように見える墨飛沫が大書され、いかにも拵え物の舞台装置のようである。五左衛門におさんを連れ帰られた治兵衛は、そのセットの壁を次々と倒してゆく。また、おかむらや戸板康二も指摘したように、格子によって内部と外部が区切られ、相互に見通しが可能となっている。[33]それは河庄では置屋の遊女を拘禁するとともに客が品定めする格子であるが、同じ格子が紙屋内のセットにも現れ、置屋と店とがイメージ的に結ばれるのである。

3　ブリコラージュと擬古典化《アルカイスム》

物語が人口に膾炙した近松浄瑠璃を、芸術性と大衆性とを兼備した映画作品として現代に再生するのである。この事業を、『心中天網島』は、まさしく一種のブリコラージュ（bricolage）によって成し遂げた。[34]ブリコラージュは、持ち合わせの道具・材料を用い、それらの資材性（潜在的有用性）を最大限に引き出し、偶然の要素を生かして製作に役立てる〈器用仕事〉である。レヴィ＝ストロースがブリコラージュの例として、各種の美術・建築と並び、初期幻想映画の監督ジョルジュ・メリエスの舞台装置を挙げていたことも想起される。レヴィ＝ストロースによれば、ブリコラージュを生かしたアルカイックな作品は、不思議なことに決して古くならない。

ＡＴＧ映画は一千万円映画とも呼ばれ、低予算の製作として知られる。大島渚との対談で篠田は、「それを、苦しいと見るか、逆手にとった表現と見るか。苦しくて、追い詰められて簡略化したのか。表現方法として、そこに達したのか。そういう主体のあり方が、一千万円映画には明確に作家の側に要求されてくる」と述べている。[35] これは意味深い論点であり、実はこのことがこの映画が高水準の達成を得ることができた最大の要因かも知れない。児玉竜一が、「篠田はＡＴＧの低予算を逆手にとって、様式性の高い装置を効果的に活かしている」と指摘したのは妥当だろう。[36] 児玉は黒衣を例に挙げるが、黒衣だけにとどまらない。この作品は、低予算の副産物としてのいわば方法論的な退行と、当代最高の有為なアーティストの創意による前衛的な要素とが緊密に結びついて、ほとんど最大限のブリコラージュ効果を生み出した映画と言わなければならない。

日本演劇を大きく取り入れた河竹登志夫の『演劇概論』は、演劇を「守らなければならない時間・空間的制約」という「物理的制約とのたたかいの歴史」としてとらえている。[37] むろん、演劇だけでなく、映画にも固有の物理的な制約はある。たとえばルドルフ・アルンハイムが現実と映像との間の差異として挙げた、立体の平面への投影、空間的な深さの減衰、対象からの距離、フレームによる画面の限定、空間および時間の連続性の欠如（あるいは並列）、不可視的な世界（諸感覚）の欠如などは、いずれも映画に課せられた物理的な制約と言えるだろう。[38] ただし、映画の技法は、たとえばモンタージュ、カット・バック、ラップ・ディゾルヴなどの編集、様々なカメラ動作やカメラ・アングル、多様なフレーミングやフォーカス、イン・アウト、ロケーション撮影や特殊撮影そ

の他、演劇の限界を打ち破る数々の要素を備えている。しかし『心中天網島』は、まさにこの「低予算を逆手にとって」、技法を限定し、演劇（人形劇）的な次元を復活導入することにより、固有の様式を獲得した。それは物語において浄瑠璃を原作とするのみならず、人形劇や歌舞伎などを含む演劇の要素を敢えて取り入れることで、映画ジャンルの法則を打ち破ったのである。[39]

⑴黒衣

そのことを幾つかのポイントにまとめよう。第一に、くだんの黒衣の問題である。介錯・後見としての黒衣は、本来は舞台で補助を務め、観客には見えない建前であり、技術が進んだ近代演劇や映画では不要で余計とされたものである。それを復活させ、再導入して可視化することは、近代ジャンルを擬古典化して演劇と物語のジャンル的な起源を想起させ、自らの根拠・立脚点を暴露して異化する、ロシア・フォルマリズムが言うところの〝手法の露呈〟にほかならない。[40] それは近世演劇に固有の手法を対象化し意識化させると同時に、近代映画に対する近世演劇への方法論的な逆行・退行の付与となる。この結果、人形遣いにせよ、介錯・後見にせよ、それらは人形または役者に対してその演技や行為を補助または支配し、人形・役者を人物として機能させるとともに、それらを芝居というシステムに依存した存在として明確化する。つまり演劇が虚構であることを共示するのである。これは、篠田自身による先の「現実のパースペクティブをすべて虚構化するため」という言葉にも繋がる。[41] ただし、これは篠田が言説において強調する「虚実皮膜」よりは、さらに強

い意味において、つまり「皮膜」どころではなく、明白に虚構性の自己暴露と言うべきである。

特に、この映画はオープニングに文楽の舞台裏の映像を置き、そこにおいて人形が人形であることや、黒衣がそのような機能を果たすことを明示的に見せ、さらにオープニングの末尾には、黒衣のショットからカメラがティルト・ダウンし、床に男女の人形の首《かしら》が心中を暗示するように折り重なって転がるショットを配することにより、以後の本編が心中物であり、何よりも人形劇の翻案であることを鮮明にする。戸板は、「この中で監督によって動かされる俳優は、人形浄るり《（ママ）》の『人形』なのである」と鋭く述べている。[42] たとえば治兵衛が河庄に赴く初めの場面で、彼以外、周囲の人物の動きがあたかも『去年、マリエンバートで』（*L'Année dernière à Marienbad* アラン・レネ監督、一九六二）のように止まり、全裸の遊女と全身に刺青を入れた男の絡む姿の前を彼は通り過ぎるが、それらは機能停止した人形やマネキンの集団のようにも見える。

また、紙屋内の場の最後に治兵衛は、おさんが五左衛門に連れ去られ、一人きりになると顔を覆って号泣し、黒衣に取り囲まれ羽織を取られ、逆上して室内を荒らし回る。この場面でもスローモーション、ストップモーションが効果的に用いられている。黒衣は取り散らかした道具を片付け、治兵衛が襖壁を倒すと奥に黒衣頭と黒衣らがおり、彼らが力を貸して壁を転回させ、シークェンスは瞬時に大和屋の場へと移動する。俳優は人形化し、黒衣は操りをする人形遣いとなる。その結果、相対的に人物は非主体化し、特に治兵衛は何ものかに衝き動かされて行為している印象が強くなる。おさん／小春の二役を演じる岩下志麻は顔を白くメイクし、特に小春は結末で出家を擬装するため

治兵衛とともに髪を切るのだが、ザンバラ髪になった小春はその有様がまさしく人形のように見える。心中の場面でも葦原を歩く二人の傍にずっと黒衣が付いて行き、小春を切った後、治兵衛が首を吊る場面においてもすべてを仕切るのは黒衣たちである。

この映画について廣末保は、黒衣に①「死への案内人」、②「観客との間を媒介してゆくもの」、③「叙事詩的な時間を視覚的に象徴」するという三つの特徴を挙げた。[43] 関根も「死神の役割」、すなわち心中へと向かう物語の動因を提供する主体性を黒衣に認めている。[44] 映画では、大和屋の場の後、小春治兵衛、次いで孫右衛門一行を見送った黒衣頭が、「蜆川をば西に見て、朝夕渡った天神橋」云々と、あろうことか道行の文句を語り始める。沈黙の介添人であったはずの黒衣は、ここでは言語を与えられ、文字通り死出の道行を物語として始動せしめる。こうして黒衣がその存在感を著しく格上げされ、作中人物以上に物語の主体性を担うことにより、映画『心中天網島』は、（たとえば悲劇的な）人物や（たとえばお涙頂戴の）物語によって主導されるジャンルが映画であるという、映画にまつわる通俗的な通念を打ち砕いたのである。

(2) 敷台とエクリチュール

第二に、映画内の空間である。河庄および紙屋内の場において明瞭なように、同じ規格の敷台を組み合わせたセットは、玩具のブロックのような単なる区画に見える。これは、本作品の代表的なブリコラージュ効果である。これに加えて、単純な衝立、壁、そして格子が、約束事としての境界

線の意識を見る者において発生させる。粟津潔はこの効果を、「逃亡をゆるさない絶対的空間であり、内と外が、一体的に存在する空間」と注釈しており、これは戸板の「徳川時代の民衆を拘束した格子」という言葉にも繋がる。[45] 歌舞伎から人形浄瑠璃、さらに能へと演劇史を遡る順に、舞台設定は単純化ひいては無化へと回帰することを思えば、これら空間設計の単純さもまた、映画から古典演劇への方法論的な遡行と言えなくもない。

一方、敷台に展開された文字・絵・図は、映画の全体とも関係を結んでいる。壁や床一面に書かれた（拡大転写された）文字は、『心中天網島』の物語が、書かれて読まれ（語られ）た物語、つまり浄瑠璃という文芸であることと無縁ではないだろう。文字以外にも、紙屋内では壁に血しぶきや血の滴りのような模様が現れるが、これは治兵衛の脇差とも相まって、結末における小春殺害の場面を予告し、死のイメージをもたらすものとなる。

床や壁に書かれた文字。原作においても、誓詞や起請、さらには手紙など、多様なエクリチュールが物語を彩っていた。近松の『心中天の網島』を紙・神・髪の掛詞・縁語・地口《パン》のイメージ系列が横溢するテクストとして解釈したのは信多純一である。[46] 小春治兵衛が取り交わした二十九枚の起請、そこに混じったおさんから小春への文、治兵衛が書いた小春との縁切りの誓紙。だがそれを書いたそばから治兵衛は小春が思い切れず、おさんに「それ程名残惜しくば誓詞書かぬがよいわいの」と言われ、それを見抜いた五左衛門に「此の手間で去状掛けとずん〳〵に引裂いて投捨てたり」と捨てられる。治兵衛の商売は紙屋であった。書かれたものは朗詠されて浄瑠璃となり、演

技・演出されて演劇・映画となる。反面、書かれたものは容易に裏切られ、あるいは虚偽・詐欺とも、あるいは虚構とも言われる。ドナルド・リチーはこの映画を、特異な仕方で「現実は何かを探っている」点において、ロベルト・ヴィーネ監督『カリガリ博士』（*Das Kabinett des Doktor Caligari*、一九二〇）や黒澤明監督『羅生門』（一九五〇）に準えた。[47] この映画は、現実らしきものを構築している要素を、書かれたものの介在を伴う嘘と虚構の構造によって見せているのである。[48]

また、粟津はこの映画に見られる、「白と黒の明快なコントラスト」を指摘している。[49] 屋内のセット撮影では、どの場面においても光源の方向が明らかで、人物の顔やセットには明確な影ができる。『カリガリ博士』などのほか、男の顔にかかるシャンデリアの影を髑髏模様に見立てたアルフレッド・ヒッチコック監督の『恐喝《ゆすり》』（*Blackmail*、一九二九）などを想起させる。白くメイクされたおさん／小春の顔に人工光線が当たる有様は、人物の人形的な様相をさらに強化する。光線と影は、道具類と一体化してこの空間とこの映画の人工性・虚構性を証し立てる。これらもまた映画史の遡行であり、あるいは映画から演劇への逆行であって、擬古典化《アルカイスム》（archaïsme）にほかならない。粟津はそれらが「死の、白々しさ、むなしさを配給する」と評したが、それはまたこの映画の前衛性の構築にも寄与している。[50]

(3) 一人二役

第三に、岩下志麻のおさん／小春の一人二役についてである。つとに原作は、「女同士《どし》の義理」

を描いた作品として知られる。おさんは治兵衛を死なせないために小春に別れてくれるよう手紙を送っていたが、太兵衛が小春を身請けしようとしていることを知ったおさんが、「それなれば此の小春死ぬるぞ。ア、悲しや此の人を殺しては。女同士《どし》の義理立たぬまづこなさん早う行《い》て」と、治兵衛を後押しするのがその核心である。これについて源了圓は、「義理」を「自と他とが自然な気持で一体になることができないばあい、そのことの自覚の上に、意識的に発現した共感作用」と定義し、『心中天の網島』の場合は、「真の主人公は、二人の女性である」として、「この劇の主人公の治兵衛は、二人の女性のあいだの葛藤を引き出す媒介契機のようなはたらきをする役を割りあてられている」と解釈していた。[51]

原作は、『曾根崎心中』（元禄一六・一七〇三）から始まる近松の心中物の中でも、「女同士《どし》の義理」を根拠に、夫の、遊女との関係をいわば黙認または慫慂する妻を描くことにおいて特異に魅力的である。[52]その点から見れば、本作はおさんの問題に要点がある。廣末は「おさんは、封建時代の女房という隷属的な位置から、劇的葛藤を通して、自立的な女房の位置へと移行している」と批評し、[53]鳥越文蔵もおさんに「最も同情が寄せられる」作品として理解している。[54]

封切り直後の「心中天網島考」で、篠田監督はこの二人の女性は「近松にとっての男の世界に住むただ一つの女の像」と見なし、その核心をエロティシズムの対象がおさんから小春へと移動することととらえている。[55]他方、富岡の解釈は独特であり、治兵衛は五左衛門に連れ去られるおさんにエロティシズムを再認し、それから逃れるために小春の許へ走るとする。[56]これは原作よりも、むし

ろ映画に基づく解釈として妥当かも知れない。なぜならば、おさんと小春は同じ女優によって演じられるからである。文楽でも既婚女性を演じる老女形《ふけおやま》は、「眉を描かず剃り跡を薄く青で描いているし、少し開いた口からはお歯黒をつけた歯がのぞく」とされるが、[57] 岩下のおさんはまさしくこれである。しかし、主婦と遊女とに作り分けた衣裳とメイクを別にすれば、二人の人物を演じる岩下が岩下であることに違いはない。すなわち、おさんと小春は交換可能なのである。観客にとって、二人の人物の実体が同じ一人の女であるからには、小春にエロティシズムが感じられるとすれば、おさんにもそれが感じられないことはない。

原作でもおさんは下之巻には登場しないが、心中場で小春はおさんに義理立てをして、「おさん様一人の蔑《さげし》み。恨み妬みもさぞと思ひやり」と二人の死に場所・死に方を変え、髪を切って尼法師となるなど、最後までおさんの影は消えることがない。映画では、道行以降のシークェンスにおいて、おさんでもある岩下が小春を演じ続け心中場に及ぶことは、この物語におけるおさんの存在の呈示となる。原作が言葉で暗示したおさんの存在を、映画は二役によって、映像としていわば二重写しにしたのである。ただしそれは、小春治兵衛の死を望まなかったおさんの意志の救済ではない。むしろ、二人の女に互換性が認められるならば、結末で治兵衛は、小春を殺すことによって同時におさんをも殺したことになるのではないか。原作ではおさんのその後については何も語られない。だが、夫と子を奪われ、夫が遊女と心中を遂げ、ただ父親に拉致されたおさんに、今後どのような未来があるのだろうか。[58] この点において映画は、原作の物語に対する一つの解釈となっている。ち

なみに、そのようなおさんのあり方に対する別の解釈を行ったテクストとして私たちは、心中以後の妻の行動と思考を描いた太宰治の「おさん」(『改造』一九四七・一〇)を知っている。[59]

4 橋と人形の映画

映画『心中天網島』は、橋の場面に始まって橋の場面で終わる。冒頭では、橋を渡る治兵衛が遍路の一行と擦れ違い、橋の上から心中した男女を見る。二人の死体を黒衣が取り囲んでいる。この二人は同じ方向に頭を向け、女は足を帯で縛っている。それに対して、結末の小春治兵衛は、頭を逆に向け、ザンバラ髪で、切られた小春の顔は血に塗《まみ》れている。二人は道行の際にこの橋を渡っており、最後も髪を下ろした後に、おいでおいでをする黒衣の待つ橋を渡り心中場へ赴く。冒頭の設定を、原作の道行「名残の橋づくし」の流用とする見方もある。[60] 篠田監督は、遍路と法華太鼓について、死者を再生させてドラマとする「人形劇のメソード」に従ったと述べている。[61] しかし、冒頭と結末の首尾の間にあるのは、ショットの反復と対照であり、そこには極めて機械的なメカニズムが感じられる。後に北野武監督が、『その男、凶暴につき』(一九八九)の首尾において、同じように人物が歩道橋を渡るショットを置いたのと同じ効果がある。それは無機的で無慈悲な摂理とも言える映像的な反復の力であり、そこに黒衣が介在し、人物の人形化が加わることでその印象は強化される。ここにおいて映画『心中天網島』は、篠田監督を始めとしてこれまでに言われてきたよう

な「呪性空間」や「死とエロティシズム」などの、いずれにせよ人間主義的な要素ではなく、よりアヴァンギャルドな観点から評価されるべき性格を露わにしている。

最後の心中場は、原作と映画とではかなり異なっていると言わなければならない。原作では、水門の樋に小春の抱え帯を罠結びにしておき、治兵衛が小春を切ってからそれで縊死するのに対して、映画では鳥居のようにも見える首吊り場を黒衣がしつらえ、万事黒衣が仕切って治兵衛はそれにぶら下がる。この経緯はシナリオとも異なっていて、シナリオでは帯を橋桁にくくりつけることになっている。[62]また、原作では治兵衛が小春を一度で刺し殺せず、再び気を取り直して「鍔元」まで刺し通す間の小春の「七転八倒」の様子や、ぶら下がった治兵衛が「生瓢《なりひさご》」のように揺れる描写が、凄まじいまでに印象的である。一方映画では、それらの間もずっと黒衣が介在しているために、その行為が他の何ものかに支配され、自分の意志というよりは何かの摂理に促されて行為しているように感じられ、凄絶さはむしろ減殺されているとも言える。その性急な摂理の感覚を、トルコの笛の旋律が強力に表象する。むしろそのこともあってか、頭を逆向きにして筵の上に横たわる二人は、人物というよりもやはり人形であるかのように感じられる。廣末は「生瓢」の印象について、「情死劇の興奮とは何か異質なところのある、戦慄的な虚ろさ」が感じられると述べたが、[63]映画の結末もまた、それとは異質なものである。それは人間の営為の最終的な空虚さ、人間の自我・主体性・意志などに伝統的に付与されてきた優位性の否定である。ここには、ブラザース・クェイやヤン・シュヴァンクマイエルの人形劇映画にも通じるような、調和を欠き、損傷を被った状態のグロテス

クな美が認められる。それはまた別の形で、幾何学的な反復と情感の欠落した暴力とが合体した、初期の北野映画にも見られる。[64]

重友は近松『心中天の網島』について、各登場人物が「自主性をもってそこに生きていること」を指摘し、この作品が、単に心中事件をではなく「何が人間的であるか」を描くことを目的としたと解釈した。[65] 結果的に、この点は原作と映画との大きな違いとなる。映画『心中天網島』の人物は、決して純粋な「自主性」を持ちえず、黒衣および黒衣が体現する運動性によって支配され、そしてその黒衣もまた、篠田自身の言うような「呪術的世界」から来たというよりは、この映画という構造の運動性に操作され、さらにそれは映画や映画に先行する人形劇・浄瑠璃・物語のジャンル的記憶に使嗾されたように感じられる。この前衛性は、このようなジャンルの歴史と密接に関わっている。

そこにおいて、この映画は篠田監督らが目的とした、死・エロティシズム・呪性空間といった人間主義的な価値とは異なる、突き放された無機的な異物性を顕著に示すものとなる。目ざとくもドナルド・キーンの文楽論は、伝統的に人形遣いが低く見られてきた理由として、「人形遣いが日本人とは違った外国人だという、傀儡《くぐつ》廻しの時代にまで遡る古い信仰」を看取していた。[66] 人形が人間ならざる人間であるのと同様に、映画『心中天網島』は様々な趣向を凝らし、ほとんど映画ならざる映画、映画の異邦人《エトランジエ》として実現されてしまった。それは低予算のＡＴＧ映画という枠組みがブリコラージュによって最大限の効果を上げ、人形浄瑠璃への回帰というジャンル上の擬古典化《アルカイスム》と、映

像・音楽・美術などのアヴァンギャルドとが契合した希有な達成として評価すべきである。

松竹ヌーヴェル・ヴァーグの一人として出発した篠田監督は、この後も旺盛な創造力を発揮し、『沈黙 SILENCE』(一九七一)、『夜叉ヶ池』(一九七九)、『舞姫』(一九八九)などの文芸映画を含め、引き続き文化の周縁性に配慮した多数の特徴的な映画(前掲)を指揮した。それは篠田映画のもう一つの重要な軸をなす、『瀬戸内少年野球団』(一九八四)、『少年時代』(一九九〇)、『瀬戸内ムーンライト・セレナーデ』(一九九七)そして最後の大作『スパイ・ゾルゲ』(二〇〇三)に至るところの、戦前・戦中・戦後にかけての日本の運命と、その中で生きて死んだ個人の姿態を描き出す力作群と並行して展開した。ただし、同じく近松の浄瑠璃を原作とし、スタッフに再び富岡・武満・粟津を動員して製作された『鑓の権三』が、極言すれば普通の映画であったことから明らかなように、少なくとも様式面に限るならば、『心中天網島』の特権的な瞬間は、二度と到来することがなかった。

第八章　混血する表象　トニー・オウ監督『南京の基督』

はじめに

トニー・オウ監督の映画『南京の基督』（一九九五、香港・日本合作）は、芥川龍之介の小説「南京の基督」（『中央公論』一九二〇・七）を原作とする。原作の旅行者を作家自身とし、作家が主人公の娼婦・金花と深い恋愛関係に陥るという大きな設定の変更を行うことによって、映画は、シニカルな要素も見られる原作を、完全な純愛物の物語に転換してしまった。そのような翻案・引用の方法や、映像表現の手法など、言語テクストとは異なる表象の様式に着目すると、映画はこれまで見えていなかった原テクストの特異点（プンクトゥム）[1]を指示するように思われる。富田靖子とレオン・カーフェイ競演の話題作が、異なる文化圏にまたがって展開される物語に何を見出したのか。本章では、必ずしもトップレベルの成功作ではないこの映画が、にもかかわらず豊かな表象の意味

作用を散種する有様を、要点に絞って見直してみよう。

1　メロドラマ化の原理

小説作品の映画化は、多くの場合、小説の読者をがっかりさせるものである。小説の読者は、言葉を出発点として自分なりの想像力によって物語に独自のイメージを構築するのに対して、映画は小説の言葉を解釈し、それを視覚的イメージとして定着させる。このイメージ化と解釈のあり方において、読者の期待と映画とが食い違うのは、テクストの意味の多様性から見て当然のことである。ただし、ブロックバスター方式[2]を頂点とする現代の商業映画においては、いかに多くの観衆を魅了するかのポイントは、主として娯楽性に置かれる。その場合、芸術性やメッセージ性は、娯楽性と折り合いをつけることによって存在を許される。その結果として各種ステレオタイプ化された定型、あるいは加藤幹郎の言うようなメロドラマ性が、娯楽映画というメディアには拭いがたいスタイルとして浸透する。[3]イメージ化と解釈の方向性が、著しく限定されてしまう。これを映画の娯楽性原理・メロドラマ化原理と呼んでおこう。小説の映画化に落胆する読者の印象の、ある部分はここに起因する。

しかし、映画メディアに与えられている表現の可能性は、本来、小説とは全く異なる。映像、音声、文字など様々の素材を配合して巧みに作られた映画の奥深さは、小説のそれと比べることがで

きない。また一般に、翻案・改作・パロディなど広い意味で引用、すなわち第二次テクスト化は、必ずと言ってよいほど原典に対して独自の解釈を伴っている。「本歌とそれを取った歌の間には、こうして送り届けと送り返しの尽きることのない戯れが生ずる」（浅沼圭司）[4]。イメージ化と解釈における制約を甘受しつつ、それを乗り越えて、映画が小説の通説に根本的な異議申し立てを行い、全く新しい読みのステージを用意することがある。二つのテクストの間で行われる送り合いの様相こそ、小説の映画化を問題にする際の着眼点である。そしてまた、それらのテクストが、二つの文化の間の交流を扱っているとなれば、そのようなダイナミズムはいっそう興味深いものとなるはずである。

芥川龍之介の短編「南京の基督」は、『中央公論』一九二〇年七月号に掲載され、翌年三月新潮社から刊行された作品集『夜来の花』に収められた。南京の奇望街の娼婦宋金花のもとへ若い日本の旅行家が訪れて話をする。悪性の梅毒を病む金花は、敬虔な羅馬加特力《ローマカトリック》教の信者で、十字架に祈りを捧げ、病気を移さないように誰とも寝ないと誓った。ある夜、金花の部屋に酒に酔った外国人が訪れた。それは西洋人か東洋人か分からない、黒い髪を鳥打ち帽からはみ出させた男だった。ものの拍子に壁から落ちた十字架の基督の像の顔を見ると、不思議にその外国人の顔と生き写しであった。彼女は、初めての恋愛の歓喜を覚えて、彼の胸に抱かれるのだった。目覚めてのち、彼女の体の症状はきれいに消えていた。それで彼女は、「ではあの人が基督様だつたのだ」と思う。この小説の発表後、芥川自身が、金花の症状が消えたのは梅毒の進行状況のための一時的なものでしか

ないという見方を、二通の南部修太郎宛書簡（一九二〇・七・一五付、同七・一七付）の中で述べている。この書簡の見方を作品外のものとして退けるか、または取り上げるかに由来する解釈の対立が、「南京の基督」研究史の一つの軸をなす。[5] ひとまず概略を述べるならば、作中の日本人旅行者と作者芥川にとっては、外国人は George Murry であって基督などではなく、他人にうつしたところで伝染病が癒えるはずもないとすれば、金花の症状が消えたのはかりそめのことでしかない。しかし、純真な羅馬加特力教信仰という金花自身の観点から言えば、基督が奇蹟を行い、病を快癒させたことに疑いを入れる余地はない。単純化すれば、現実と理想、世俗と超越、欲望と信仰などの対立する要素がここには同時に存在している。どちらが正しいのかではなく、この二つの概念枠に引き裂かれた状態の皮肉に満ちた哀れさこそ、テクストとしての「南京の基督」の基本構造である。

次に、これを原作とした映画『南京の基督』は、一九九五年一二月に封切られた百分間のフィルムである。日本のアミューズが企画し、香港のゴールデン・ハーヴェストと共同で製作され、出資および収益は折半という完全な香港・日本合作である。[6] 第八回東京国際映画祭インターナショナルコンペティション部門の最優秀女優賞（富田靖子）および最優秀芸術貢献賞を受賞した。監督はトニー・オウ（區丁平）[7]、脚本はジョイス・チャン（陳韻文）、音楽は梅林茂が担当した。配役としては、作家・岡川龍一郎を香港の俳優レオン・カーフェイ（梁家輝）[8] が、金花を日本人の富田靖子[9] が演じた。清純派と言われた富田が、娼婦役の大胆な演技を披露したことで話題を呼んだ。明朗快活な富田のキャラクターが、この映画に輪郭のはっきりした濃淡の対比を与えていることは否めない。

さて、映画の物語は、芥川の原作を基礎にしながらも、甚だしく潤色され、ほぼ翻案と呼ぶにふさわしい。最も大きな変更は、原作の旅行者を作家自身とし、作家・岡川と娼婦・金花との深い恋愛関係を基軸に据えたことである。長男誕生を岡川に知らせる電報によって岡川に妻子のあることを知った金花は、「ひどいわ　重婚よ」と岡川を責めるが、やがて「重婚」への反発よりも、岡川に対する愛の方が勝ってゆく。実際の芥川龍之介の中国旅行（一九二一・三〜七）は「南京の基督」発表後のことであり、この映画のような成り行きは現実にはありえない。この映画は、時間的には現在と過去、空間的には南京と東京という二つの場面を設定し、これらを往還するフラッシュバックの額縁構造を採用している。冒頭と結末に岡川自殺の日の様子が置かれ、その間の物語は全体として過去の回想である。その枠組みによって呈示されるのは、金花と岡川との激しく行き場のない不倫の恋愛であり、また金花の死と、それによって閉ざされたこの恋愛を原因とする、岡川の死の物語である。梅毒は進行の遅い病気であり、原作でも短編の中に一年間の経過を盛り込んでいたが、映画では金花を確実に殺すために、周到にも、梅毒の上に肺病とその昂進を付け加えている。端的に言うなら、これは恋愛に殉じて死ぬ二つの死を描いた純愛映画にほかならない。

ただしこれは単なる不倫ではなく、父のために春をひさぐ娼婦の物語でもある。原作の金花は「私窩子《しくわし》」つまり私娼であるが、映画では管理売春を行う娼館・藕香院に所属する。原作では「夜々《よな〳〵》その部屋に客を迎へる」キャリア娼婦であるのに対して、映画では純潔に近いという設定か、三人の男としか関係を持たない。順に岡川、梅毒持ちの男、そして外国人（偽基督）である。もっとも、

客を迎える際、処女を偽装するために赤く染めた綿を用いるなどのショットは、小説以上に、金花の職業が紛れもない被管理売春婦であることを明示する。いずれにせよ、純真な信仰と世俗の現実との矛盾対立を示した原作から、悲恋と死の物語という糸を紡ぎだした映画へのNachdichtung（翻案）は、正しくあのメロドラマ化原理に従っていると言わなければならない。

また『南京の基督』は「南京の基督」以外にも、芥川の多くのテクストから、言語的・映像的な引用を豊富に盛り込んでいる。最も重要なのは「湖南の扇」（『中央公論』一九二六・一）で、岡川の友人・譚永年の名と、映画冒頭の、水路で金花と出会うあたりの背景もこれに由来する。また「湖南の扇」には、中国の密輸ギャング団の首領の情婦であった女が、斬首されたその男の血を染み込ませたビスケットを食べるエピソードがあるが、これは映画で金花が梅毒を治そうとして、処刑された罪人の血に浸したパンを食べるシーンとして使われている。そのほか、金花が南京駅で貧しい子どもらに蜜柑を投げ与える場面は「蜜柑」（『新潮』一九一九・五）に、岡川の頭痛は「歯車」（『文藝春秋』一九二七・一〇）に由来し、科白やナレーションには、「秋山図」（『改造』一九二一・一）、「侏儒の言葉」（『文藝春秋』一九二三・一〜一九二五・一一）、「或る阿呆の一生」（『改造』一九二七・一〇）、「〔遺書〕」などからの引用が忍び込んでいる。◉10

さらにこの映画は、映像表現の技巧に秀でている。南京の細く入り組んだ街並みを再現する移動撮影、娼館の内と外、特に金花の心の表象となる菜の花畑の広がる郊外と、欲望にまみれた人と人との密着する屋内との対照、逆光や木洩れ陽、陰影を重視するショット、また回想シーンで用いら

れるセピア色のフィルターなど枚挙に暇がない。中でも注目されるのが、スローモーションとストップモーションの多用である。オウ監督はインタビュー[11]で、「スローモーションが非常に効果的に使われていますよね」という質問に答えて、「スローモーションは感情をうまく表現するのに最適ですから」と述べ、撮影段階のスローモーションと編集段階のものとの使い分けを打ち明けている。編集による操作の例としては、冒頭近くの金花と出会う場面で、スローモーションが使われている。これは偶然の運命的な出会いの重大さを、情趣深く印象づけるショットである。

その他の情緒的な場面はほとんどが撮影段階のスローモーションで、例えば娼館で二人が目隠し鬼をするシーンがある。ここではスローモーションにラップ・ディゾルヴが併用され、この後、深い関わりに陥る二人の心理的・肉体的な融合を描き出す。岡川は常軌を逸して、それまで与り知らなかった異世界へと入り込んでゆく。その境界線を越えるのが、この目隠し鬼のシーンである。ここで岡川が踊る手踊りの仕草は、結末で自殺直前の岡川によって反復され、結局最後まで岡川がこの異世界から帰還することができなかったことを暗示している。岡川にとって、金花の待つ死の世界への旅立ちだけが必然の道として、映像的に呈示されるのである。その他、南京駅で蜜柑を柵越しに放る場面、金花の死の場面などで、スローモーションが効果的に用いられている。「木は私の声を伝えてくれなかった」「春が待ち遠しい」「日本は暖かい？　ここは寒いわ」……病に冒された金花は、見果てぬ夢を抱きつつ、日本に向かう南京駅近くの線路上で岡川に看取られながら息を引き取る。死の間際に、子どもたちの真ん中で金花が賛美歌を歌うショットが一瞬だけ挿入される。

彼女は岡川になど、出会わなければよかったのだ。かくてあまりにもメロドラマなこの映画の感傷は、否応なく高められてゆく。

2 混血という表象

この映画は、中国と日本とを文化的な対照の下に描き出している。岡川の家の畳と障子のたたずまい、和服を着た通行人が歩く東京の街角のショットが時折差し挟まれ、フィルムの大半の時間を占める南京のショットとの間に、明確な文化的・社会的なコントラストをなすようにモンタージュされる。南京のシーンは中国語、東京では日本語が用いられる。岡川には娘と息子がいて、娘に晴れ着を着せ、家族で記念写真を撮るシーンがあり、極貧にあえぐ金花と、岡川の家族の境遇との間の対照が鮮明に描かれる。しかし、これらの格差の表象は、それを乗り越えて結ばれたいと望み、それを果たせずに倒れる二人の愛のあり方を鮮明にするための基盤でしかない。この映画は、中日の異文化間交流の問題を大きくクローズアップする方向性を持ってはいない。少なくとも、顕著に明示的には、中日間のコロニアルな情勢とその文化的様相を前景化するメッセージを、映像としても言語としても配してはいない。しかし、それ以外の仕方で、映画はこの領域に侵入し、あまつさえ原作に対してもその反照を投げ返している。それは、「南京の基督」に登場する外国人についてである。

客の年頃は三十五六でもあらうか。縞目のあるらしい茶の背広に、同じ巾地《きれぢ》の鳥打帽をかぶつた、眼の大きい、顋髯のある、頰の日に焼けた男であつた。が、唯一つ合点の行かない事には、外国人には違ひないにしても、西洋人か東洋人か、奇体にその見分けがつかなかつた。それが黒い髪の毛を帽の下からはみ出させて、火の消えたパイプを啣《くは》へながら、戸口に立ち塞つてゐる有様は、どう見ても泥酔した通行人が戸までひでもしたらしく思はれるのであつた。

後にそれは旅行者によって、George Murry という「日本人と亜米利加人との混血児」であることが想起され、「奇体にその見分けがつかなかつた」理由が明かされる。芥川が西洋人を「紅毛人」、つまり毛の紅い人と書くことが多かったことを考えれば、「黒い髪」の混血児とは示唆的である。それは相当程度に、日本人との混血を強く共示する、記号学的表現ではないだろうか。さらにこれも想像の域を出ないが、George Murry はその姓名からしても、日本人女性と亜米利加《アメリカ》人男性との間の子として想定しうるのではないか。島田雅彦がプッチーニの『蝶々夫人』などを下敷きにした『彗星の住人』(二〇〇〇・一一、新潮社)を想起しても、植民地主義の時代、「現地妻」(島田)の存在は国際的な力関係の表現となる。なぜ、単に外国人ではなく混血なのかの問題は、この原理を適用して類推できる。◉12

「南京の基督」研究史において、この混血や、ひいてはコロニアルな回路からの追究は、かつて

はほとんど見られなかった。恐らく、脱亜入欧的な近代日本の西洋に対するコンプレックスの凝縮されたイメージが、この混血児が金花を欺き、犯すという叙述には認められる。コロニアルな欲望が、ジェンダーの領域に投影されるのである。まず、日本と亜米利加という列強が集合して中国を植民地化（娼婦化）している図である。また、先の想像を援用するなら、そこには、日本と亜米利加との関係は対等ではなく、日本の追随性に対する自嘲も付加されることになる。そして混血児だけでなく、混血児と金花との関係を見つめている旅行者その人も、同じくジェンダー＝コロニアルな視線を決して免れることはない。「上海の競馬を見物かたがた、南部支那の風光を探りに来た」とあるが、売春宿に立ち寄ることが「風光」の探勝にあたるのだろうか。初めの場面で、彼は金花を「洋服の膝に」抱いていた。すなわち、これはほとんど〝買春観光〟の類なのである。

ちなみに、「南京の基督」末尾には、このテクストが谷崎潤一郎の「秦淮の夜」（『中外』一九一九・二、『新小説』一九一九・三）に負うとする付記があり、[13] その意味についても多々論議されてきたのだが、何よりも次の事項を素通りすべきではない。「秦淮の夜」は、より明白に、「別嬪」つまり美しい娼婦を求めて妓楼を梯子する物語である。この二つのテクストに描かれるのは、どちらも、文人墨客風に美化されてはいても、その実体は植民地主義的圧力を背景にした性的観光旅行にほかならない。このように見るならば、この旅行家が金花と混血児との一部始終について複雑な思いにとらわれるのは、単なる理想と現実、信仰と世俗との二律背反ではなく、彼もその内部に属しているところの、ジェンダー＝コロニアルなシステムを背景として考えるべきではないだろうか。少な

くとも、混血という表象を、小説「南京の基督」の重要なポイントと見なければなるまい。

　このようなテクスト読解の糸口を与えるのが、映画『南京の基督』である。けれども、逆説的ながら、それは映画がそれを抹消したことによってなのだ。映画でも、譚永年の科白「混血の記者を覚えているか？　会ったことがあるはずだ。上海で、同じホテルだった。どこかの、特派員だとか言っていた」によって、あの男が混血であることは岡川に知らされる。譚はこのショットで、会話の内容を金花に悟られないように、岡川に対して日本語で話し掛けている。しかし日本人と亜米利加人との混血とは言わない。そして偽基督を演じる俳優（Marc Cuthberg）は、むしろ明白に西洋人の外見をしている。彼の髪の色は黒ではなく、それこそ紅毛に近い。彼は金花の値段をつり上げる際、英語で“Ten U.S.dollars?”などと、亜米利加の通貨使用者であることを告げている。なおこのシーンで彼は嘔吐せんばかりに泥酔して吃逆《しゃっくり》し、観客には彼は基督などには全然見えないが、それを金花が能天気に基督と見間違えるという、些か滑稽なまでの行き違いの表現が効いている。いずれにせよ、譚永年の先の科白に現れる「混血」という一語を聞き逃したら、あの偽基督は単なる西洋人であるとしか思われない。

　さらに、小説では旅行家が金花に事実を告げるか否か逡巡する有様が山場の一つをなすが、映画では、小僧が「例のヒゲがいました」と知らせ、岡川は出かけて行って男を殴り、また「キリスト様は本当よ」となおも言う金花に対して、山茶が思い余った挙げ句、「小僧さんが言ってたわ　焼き餅屋で――あなたのキリストが焼き餅を買ってたって」と教えてしまう。金花の体からは一時的

に病斑が消えるが、手にはいつまでも痕が残り、やがて全身に再現する病斑を彼女は恐怖のうちに鏡で見、それを打ち消そうとするかのように懸命に白粉をはたく。映画では、奇蹟は、映像によって誤解の余地なく視覚的に否定される。金花は自分の思い込みに裏切られた思いと、病の昂進から絶望のどん底に突き落とされ、ただ岡川に救いを求める以外になくなる。メロドラマとしてのカタルシスを迎える用意が調えられるのである。それに対して、原作にはこのような回路は存在せず、引き裂かれた感覚を残したまま物語は幕を閉じる。

一方、混血児が金花のところに泊まった夜に金花が見た夢が、小説では内容的にも分量的にもかなり重要な意味を持っている。

「私かい。私は支那料理は嫌ひだよ。お前はまだ私を知らないのかい。耶蘇基督はまだ一度も、支那料理を食べた事はないのだよ。」南京の基督はかう云つたと思ふと、徐に紫檀の椅子を離れて、呆気にとられた金花の頰へ、後から優しい接吻を与へた。

（傍点引用者）

この一節は、極めて痛烈な意味作用に満ちている。中国料理を食べない基督が、「それを食べるとお前の病気が、今夜の内によくなるから」と、それを食べさせることで金花の病を癒すことができる。それは、本来その土地のものではない外来者が、その土地に入り込み、土着の民を支配しようとする行為のイメージ、世界宗教たる基督教の布教や、植民地主義の表象として準えられるだろ

う。しかし、これは金花自身の見た夢である限りにおいて、単なる皮肉ではありえない。まず、金花も無意識において、自分の基督崇拝が外来の神への帰依であることを薄々感じているらしい。だが他面では、そのような外来の神だからこそ、真に絶対的な他者的存在者としての基督への信仰が、他の何よりもかけがえのないものとして、彼女の心の支えとなるのではないか。原作では金花の基督崇拝は堅固であり、最後まで揺るぎを見せない。旅行者が金花に真実を告げるのを躊躇したのは、その強固さ、至純さの前に、真実が何ほどの重みをもって通用するかの懐疑による部分もあるだろう。

それに対してこの夢の内容は、映画では映像としては表現されず、ただ再び岡川を迎えた金花が、夢語りのように科白で語るだけである。「ハトの丸焼きが空中を飛んでてね」「ごちそうがいっぱい！　熱々でね　でも――キリスト様は中華が嫌いなの」と、無頓着に嬉々として語っており、原作の角のある言い回しとは大違いである。映画では単に、金花の勘違いを補強するための表現に過ぎない。そして映画における金花の信仰たるや、確かに金花自身にとっては切実だが、テクストとして見る場合には、相当程度にその切実さは減殺されなければなるまい。物語の当初から、岡川は基督に男性として嫉妬し、自らと金花・基督の間柄を、いわば三角関係として認識している（「キリストとぼくとどっちが好き?」）。これは「男が愛した少女には、神という名の愛人がいた」という劇場版予告編のキャッチフレーズにおいて、より明瞭である。

金花は結末近くで、日本に伴って治療しようと言う岡川に対して、「私はキリスト様を待つわ

この先もずっと」と囁く。これは真相の露見後にも持続する篤い信仰心の表明というよりは、妻子と愛人に身を引き裂かれる岡川の葛藤を癒すとともに、生命への執着も薄らいだ状況でのけなげな方便とも受け取れる。また結末で岡川の枕頭にある『舊新約聖書』は、女をしのぶよすがに過ぎない。映画において、基督教は、物語の要請に従って著しく世俗化されている。本来、現世における男女の恋愛と同一平面において、神への信仰はありえない。ましてやこれは羅馬加特力教である。もっとも、原作にも確かに、「始めて知つた恋愛の歓喜」という言葉があり、映画はこの一節を無限に拡張したところに胚胎したとも言えるだろう。しかし、原作の「恋愛の歓喜」とは、天上的なものと金花とが決定的に結びつく触媒にほかならず、世俗の「恋愛」とはニュアンスが異なっている。小説の金花が、真実の如何にかかわらず純粋な信仰を維持するのに対して、映画の金花は、信仰を現世的男女関係によって引き裂かれ、岡川の愛以外、何ものによっても救いの得られぬ存在と化してしまう。なにゆえに？——メロドラマ化原理の要請に従って。

3　コスモポリタン／コロニアル

この映画では、金花を日本人、岡川を中国人が演じる逆転がなされている。舞台はほかならぬ南京である。もし『南京の基督』を、脚本も映像もそのままに、岡川を日本人俳優が、金花を中国人女優が演じ、さらに日本人が監督したとするなら、その反響は単純ではなかったかも知れない。し

かしオウ監督は先のインタビューで、「実は特別な意識はなかったんです。というのは、私は中国人だろうが日本人だろうが、あんまり関係ないと思っているんです。人類は世界一緒という考えなんですね。だから別に意識してません。ただその役柄に役者さんがピッタリだった……それだけです」と述べている。[14] これは一種のコスモポリタニズムの思想であり、それとして尊重すべきだろう。だが原作において登場人物の国籍は、日本の脱亜入欧願望のコンテクストと絡めれば、決して無視できるものではない。混血児と中国人娼婦との間の出来事を日本人旅行者が観照する設定を抜かしたら、「南京の基督」の意味は全然別のものになってしまう。残された問題は、旅行者の存在である。

原作でも、旅行者は金花の現在に対して潔白とは言えない。先述の通り、彼が金花の部屋に立ち寄ったこと自体、金花の職業の故であった。中国人売春宿の客となった日本人旅行者と、同じく混血児とは、買春という行為において同列にある。さらに「日本人と亜米利加人との混血児」は、かつて、この物語と同じように、近代の植民地主義的交流において行われた行為の結果ではなかったか。従って厳密には、彼が金花の職業を醜業と思い、その信仰を揶揄することすら欺瞞のはずである。また彼には、報酬を踏み倒したこと以外には、George Murry を批評する資格はない。同時に、金花の基督体験が単なる幻想であることを知らせて「蒙を啓いてやる」ような資格も、道義的には持ち合わせていない。彼が売春の客であることを忘れてはならない。「蒙を啓いてやる」、つまり啓蒙とは、意味深長な語である。それは、近代日本では西洋化とほぼ同義であり、つまりは文化的支

配の別の言い方ともなる。映画でも岡川は文字を知らぬ金花に漢字を教え、金花はそれを大事にし、岡川からの手紙を代書屋で読んでもらう。岡川の愛も、文化的格差を背景とした啓蒙に裏打ちされている。

だが小説「南京の基督」は、性的かつ文化的な支配＝啓蒙＝欺瞞の完遂を、旅行者の結末における逡巡によってぎりぎりの線で阻止したと言うべきである。その意味で、芥川の小説には、脱亜論の水脈を引く支配の欲望に対して、批判ではないにせよ、少なくとも皮肉な相対化のニュアンスが見て取れるのではないか。先の引用を読み直すと、語り手は金花の夢の場面で、本文中唯一、「南京の基督」という語を用いている。「南京の」は「基督」を厳しく限定する。このテクストは「南京」と「基督」との間の矛盾、違和感、齟齬を表象しているのである。「南京」、それは中国料理を食べる中国人の表象であり、「基督」とは、一度も中国料理を食べないのに中国人とその心に取り入る、性的・文化的《ジェンダー＝コロニアル》な外来の支配者の表象なのである。

とはいえこの観点からすれば、小説の金花は、旅行者によって無惨に否定されはしなかったものの、本人以外には虚妄でしかない、自己満足な幻想に惑溺した哀れな存在者でしかない。叙述それ自体以外には、金花に対して責任をとる者はいない。一方、むしろ映画『南京の基督』において、旅行者＝作家と金花との仲を後戻りの出来ない地点にまで進めたことは、原作のスタンスに対する批判ないしは発展を含んだ対応と見ることができる。本来、岡川ほど金花にのめり込み、ぼろぼろにならない限り、混血児を批評する（映画では文字通り、殴打する）資格はない。もちろん、岡川と

金花との恋愛なるものも、コロニアルな枠内でしか胚胎しえなかったことは確かである。だが、岡川がそれを原因として自殺の道を選ぶまでに体内を食い破られたのなら、それは限界つきながら、このジェンダー＝コロニアルな構造と見合う強度を持つ行為と言うべきではないか。

二つのテクストを、いかなる尺度であれ、それに照らして品評しようとする意思を私は持たない。二つのテクスト、ことに映画は、文字通り混血する表象の実践である。同時に、だからと言ってどのように採点して何になるのか？　また文化は、あらゆる水準における混血によってしか成長しない。二つうな混血の行為も許されるというわけではない。だが、いかなるテクストも、それは作られ、見出されるだけの理由があるからこそ存在する。テクストは必ず他のテクストから作られ、他のテクストとの対比の中でのみ意味を持ち、そのように混血してのみ、人間にとっての意味は意味を持つ。象徴的に要約するなら、混血児の役の俳優の髪の毛を黒く染めなかったことによって、映画の表象は、原作の特異点を指し示す触媒となりえた。小説と映画のテクストは、こうして相互的に光を反射し合い、その交錯の間に、男女性と国際性とに関わる諸系列を分光したのである。このプリズムに対して、オウ監督が主張するコスモポリタンな構想は、もはやあらゆる壁を取り払おうとする現代、そして未来への意志を表明するのだろうか。ともあれ二つのテクストは、テクストである限りにおいて、その意味を永遠に汲み尽くすことはできない。

この年、かりそめの不倫を描いた世界的なベストセラー小説『マディソン郡の橋』（ロバート・J・ウォラー著）が、クリント・イーストウッド監督・主演で、メリル・ストリープが共演して映

画化され、大ヒットしていた。『キネマ旬報』ベストテンでは、上位四作品に、邦画は『午後の遺言状』『東京兄妹』『Love Letter』『幻の光』、洋画は『ショーシャンクの空に』『スモーク』『マディソン郡の橋』『フォレスト・ガンプ／一期一会』が挙がっていた。『南京の基督』は、邦画・洋画両部門にまったく顔を出さない。[◉15]

展望　# 第二次テクスト理論の国際的射程

映画『神の子どもたちはみな踊る』と『薬指の標本』

はじめに

本書は、これまで主として日本の文芸を原作とする日本の文芸映画を対象としてきた。この終章においては、本書の結論とともに、前章で取り上げた文芸映画の国際的な展開について理論化し、テクストの翻訳と第二次テクスト化、さらにその流通の問題を、文芸研究の方面との関わりにも触れて展望してみよう。

『或る女』を書いた有島武郎は、「人は相対界に彷徨する動物である。絶対の境界は失はれたる楽園である」とエッセー「二つの道」（『白樺』一九一〇・五）において述べている。有島はいったんはこの二つの道を、『惜みなく愛は奪ふ』（一九二〇・六、叢文閣）までに統一しえたととらえたが、生涯を通じてその複数性への志向を捨てることはなく、そのことはその二年後の「宣言一つ」（『改

造』一九二二・一）では自らを自己批判にまで追い詰める要因となる。しかし、同一性の軸に安住せず、対立と葛藤を抱えたままに執筆を続けたことが、特に後期の有島のテクストに深い陰翳を与えた。そしてこの相対性と複数性の自覚が、有島のアメリカ留学とヨーロッパ歴訪（一九〇三〜一九〇七）という海外体験において噴出したことを忘れてはならないだろう。[1] そして、同様の事情は有島の文芸様式のみに見られることではない。同一性に回帰せず、主体が内外において係争状態にあるようなテクストとして、日本近代の文芸テクストを読み直し、再評価することができる。[2] 本章では、この問題を国際的な翻訳・原作・流通の現象に即して考えてみたい。前半において理論的な見取り図を示し、後半においては、村上春樹の「神の子どもたちはみな踊る」と小川洋子の「薬指の標本」とを具体例として取り扱う。

1　第二次テクスト理論の概要

筆者はこれまでも、「統一されない複数的自我の対立と葛藤の場」[3] として主体をとらえ、それを論述の主体とすることを提案し、対象となるテクストにおいてもそれがパラドックスやアレゴリー、モンタージュなどの形態として現れるものとして、近代から現代に至る文芸テクストにおいてそのことを検証している。ここで問題とする第二次テクストとしての性質もその重要な要素となるだろう。第二次テクストとは、テクストのクラスとしてのジャンル・定型・物語、あるいはテクストそ

のものの引用・翻案・改作などの形で、元になる第一次テクストを基礎とし、または参照しているテクストのことである。[4] 既に論じたように、その理論と種々相を論じようとすることを、第二次テクスト理論と称している。[5] 仮にすべてのテクストを第二次テクストとしてとらえることができるとすれば、第一次テクストも本来、第二次テクストであると言える。

代表的な具体例としては、新古今時代の和歌と、西欧のソネット形式とに動因を与えられた立原道造の詩と物語における Nachdichtung[7]（本歌取）[6]や、太宰治の小説と、聖書・『ハムレット』・ヴィヨン・近松浄瑠璃などとの関係を挙げることができる。これらに限らず、引用・翻案・パロディは、比較文学や古典と近代との連絡を取り上げる際に必ずと言ってよいほど注目される現象であり、文芸研究では馴染み深いテーマである。一方、意外にも軽視され、あるいは誤解されている重要な第二次テクスト現象として、翻訳と原作を挙げなければならない。ジョージ・スタイナーは、西欧文芸に関する百科全書的翻訳論とも言うべき論著において、「西欧の芸術とは、常に、先立っている芸術についての芸術であり、文芸とは既存の文芸についての文芸である」[8]と述べている。これはあえて対象範囲を限定した言い回しと思われ、明らかに西欧に限った話ではない。しかも、この言葉が翻訳論の中で言われていることが重要であり、実は翻訳こそ、日常目にする最も典型的な第二次テクストなのである。また、リンダ・ハッチオンは、アダプテーション（adaptation）を「別の記号体系（たとえば映像）へ間記号的に置き換えられる形態での翻訳に等しい」「ひじょうに特殊な意味での翻訳」「つまり形状変換やコード変換のようなもの、必然的に別の記号の中へだけでなく別の

約束ごとの中へコード化し直すことなのである」[9]と定義している。この定義は、ロマーン・ヤーコブソンが規定した三つの翻訳現象のうち、第三の「記号間翻訳」を敷衍した形となる。[10]アダプテーションは一種の翻訳であり、翻訳もまた一種のアダプテーションである、あるいは、翻訳もアダプテーションも共通に第二次テクスト現象というクラスに属するメンバーなのである。

ところでハッチオンは、多くの頁を映画における原作の問題に費やしている。本書においても、一九五〇年代、六〇年代の日本映画と日本文芸との相互関係に着目すると、映画と原作との関係は相互的であり、「受容が創造の次元を獲得し、解釈が創作の要素をふんだんに帯びる」現象であって、しかも「それは受容が創造の次元を獲得し、解釈が創作の要素をふんだんに帯びるという独特の仕方によってではあるが、しかし、それは日常の読書や鑑賞、さらにはそれに続く批評や研究の行為と全くの別物ではない」ことを確認した。[11]こうして翻訳と原作をも問題領域に位置づけ、広く表象活動全般を対象に据えることによって、第二次テクスト理論は大きな射程を展望できるものとなる。とはいえこのことは、ロラン・バルトが「テクストとは、無数にある文化の中心からやって来た引用の織物である」[12]と述べたこと、あるいは、ジャック・デリダが「テクスト外なるものは存在しない」[13]と論じたことの一例にほかならない。

2　〈対―形象化〉と翻訳

次に、それではなぜ第二次テクスト現象が、「統一されない複数的自我の対立と葛藤の場」となりうるのだろうか。このことを、第二次テクスト現象の一つである翻訳を例に採って考えてみる。この問題に翻訳論を中心として大きな示唆を与えるのは酒井直樹のテクストである。以下は、酒井の示唆を筆者自身の思考に節合して述べるものである。『死産される日本語・日本人――「日本」の歴史―地政的配置』（一九九六）、『日本思想という問題――翻訳と主体』（一九九七）、『過去の声――一八世紀日本の言説における言語の地位』（二〇〇二）などの主要な論著において、酒井は翻訳論・主体論・国民国家論などに通用する、いわゆる〈対《つい》―形象化〉（configuration）の理論を提唱した。『日本思想という問題』によれば、日本語と外国語との間の翻訳を考える際に、まず、日本語・外国語というそれぞれの言語の統一性や、その内部における伝達可能性が前提とされてしまう。「聞き手の企てが話し手の言うことを理解するだろうとあらかじめ決め込むことなくひとが語る場面がありうるという可能性が、この話しかけでは、排除されてしまっている」[14]と言われるその「可能性」は、文芸や映像の解釈を行う者にとっては日常的に痛感されることである。私たちは、外国語が分からないだけでなく日本語もよく分からないのである。しかし、翻訳論においては、ある言語と他の言語各々の使用者の共同体が同一性を帯びたものとして一挙に仮定され、その仮定の下に、一方では正しい翻訳、忠実な翻訳、他方では意訳、誤訳、翻訳ではなくもはや翻案、などの評価が行われる。これは言語的な同一的主体の構築と同時的ということになる。

同様の論法を国民国家（nation-state）の問題と結びつけたのが『死産される日本語・日本人』で

ある。そこでは、「たとえば、日本人であることの最も基本的な定義は、日本人でない中国人や西洋人ではない、という二重否定形をとる」[15]とされる。たとえ実体としては明らかな多民族国家であったとしても、またこちら側のみならず相手側が内部的に多様である事実があるとしても、民族共同体が構想される際には、こちらも相手も一枚岩の集団として理解され、また両者が対比的なものとして一挙に措定される。このような「〈対—形象化〉の図式を通じて、自国民、自民族、自人種を、均質で分割不可能な統一体として構想することが可能になる」と酒井は述べている。非常に明快なこの理論は、表象・言語・文化論にとって貢献度の高い汎用性を備えている。たとえば、谷崎潤一郎の「陰翳礼讃」（『経済往来』一九三三・一二～一九三四・一）が、日本の特徴を蔭の文化、西洋は光の文化と論じたのは、典型的に〈対—形象化〉の理論によって解釈できる。[16]また最近の日本文化論や国際関係を考えるにあたっても、この理論は決して有効性を失っていない。

ベネディクト・アンダーソンが、言語（国語）をナショナリズムの大きな要因ととらえたように、[17]ある言語が他の言語と出会う契機である翻訳は、そこで同一的主体の構築が行われるとともに、それが共同体の理念ともなることを開示する場となる。それとともに、さらに、似たようなことは翻訳と同じく第二次テクストというクラスに属するもう一つのメンバーであるアダプテーション、〈原作現象〉についても言える。私たちはしばしば、豊田四郎監督の映画『雪国』は原作の忠実な映画化であるなどと言う。しかし、「忠実な映画化」とはどのようなことだろうか。複雑な形成過程を経て完成に導かれ、朧化表現や省筆、隠喩や換喩文体を駆使して作られた小説『雪国』という

曖昧模糊としたテクストを、まずそれ自体として私たちはどれほど理解しているのだろうか。[18] さらに、原作が外国語であるような映画の場合はどうだろう。「忠実な映画化」という判断の前に、まずは翻訳の吟味が要請され、今度は「忠実な翻訳」とは何なのか、果たしてそのようなものがあるのかという先ほど述べた判断へと回付されることになってしまう。

ところで酒井の論は、〈対―形象化〉という批判理論を基盤に、単に批判だけではない可能性をも望見させるものである。それは、〈対―形象化〉の分析を基軸として、対象を評価する理論としての局面をも見せているのである。『日本思想という問題』では、「翻訳される言語を知らない人間にとって遂行された翻訳が正確なものかそうでないかは知りようがない」[19] として、翻訳の規則は翻訳の実践によってその都度作り出されるとして、ウィトゲンシュタインの言語ゲーム論と結びつけている。従って単純な二言語間翻訳というのは想像の産物に過ぎないが、他方では、それはまた「制作的《ポイエティック》な意味で想像的なのである」[20] とも述べている。『過去の声』においてはさらに詳しく、文化的・歴史的に「人が属する慣習のすべてを列挙することは論理的に不可能である」ため、「人は複数の言語ゲームのなかで行為し、発話行為の身体はこの複数の言語ゲームを跨ぐレヴェルで機能する」とする。[21] これはいわば、〈対―形象化〉が成立する以前の、同一性に回収されないあり方を問題にしたのだろう。その場合の「言語ゲームの無限性」を担う身体を、酒井はクロード・レヴィ＝ストロースのブリコラージュ（器用仕事）に準えている。[22] そして「限られた目的や手段によって定義された一連の合理性の規則に、その身体が収まることはない。身体は常に物質の創造的な使用を

含んでいる。それゆえ、発話行為の身体は常に社会性の詩的《ポエティック》な性格とともに、制作的《ポイエティック》な性格を具えているのだ」[23]とも述べるのである。

すなわち、翻訳という操作に伴って立ち現れる〈対─形象化〉を批判的に対象化し、根元的な無限性において発話をとらえることは、ポエティックでもあると同時にポイエティックでもある。それを敷衍するならば、翻訳は同一性に回収されがちであるからこそ、それを注視することにより、非同一的な意味を産むことができるということである。筆者の言葉に直すならば、それはいわば、「統一されない複数的自我の対立と葛藤の場」、すなわち係争中の主体として、彼我のテクストを認めることであり、またそれこそが詩的かつ制作的な生産性を可能にするのである。これは、言語や文芸において同一性や主体性を認識し、あるいは要求することを評価の尺度とすることを決定的に退ける。ただしそれは単純な批判理論ではなく、むしろ積極的に、伝統的には混乱や支離滅裂として否定的に見られてきた、非同一性の契機を評価の軸として据え直すのである。バウムガルテンに由来する〈多様における統一〉の観念を拒絶し[24]、「芸術作品の統一はそうあるべきものとなることはできない。つまり多様なものの統一となることはできない」と述べて、現代芸術の特性を論じたのはテオドール・W・アドルノであった[25]。この一連の酒井直樹の理論を、アドルノの「非同一性の哲学」に近い実践例と見なすこともできる[26]。

ちなみに文脈は異なるが、ジャック・デリダはフランスの植民地アルジェリア出身のユダヤ人という立場から、フランス語に対して、「私は一つしか言語を持っておらず、しかもそれは私のもの

ではない」、また「私の言語、みずからが話すのを私が聞いており、話すのが得意なたった一つの言語、それは他者の言語なのである」と述べていた。[27] 言語がナショナリズムの要因であるとするアンダーソンの説もあり、常識的にも、言語が主体の軸であり、国語がネーションの軸であるということは受け容れやすい。しかしたとえば多くの場合、私たちは日本語でも辞書なしにはまともな文章を書くことはできない。私にとって透明な言語などというものはない。デリダの場合は地政学と切り離すことはできないが、程度の差はあれ、言語は誰にとっても、他者の言語なのではないだろうか。逆に言うと、そのような言語によって立ち現れる主体なるものも、自らにとって他者的なものなのである。

さらに、特に現代日本語の場合、そのような他者性・非同一性と関わりの深い事柄に、それこそ翻訳および翻訳語が介在すると言わなければならない。柳父章が一連の著作において主張したことは、現代日本語はヨーロッパ語の翻訳のために、異質な要素を大量に抱えこむことによって成立したということである。[28] それは単に外来語の問題ではない。「自然」や「社会」などのような語彙、主語・述語を明記する構文、あるいは文末を終止形などによる言い切りにするなどの文体等、相当の部分に及んでいる。今でもそうであるが、文章語を例外として、日常的に会話は終止形で終わることは少なく、「ね」や「よ」などの終助詞を伴うことが多かった。終止形は、いわば近代の発明である。また山口治彦は、直接話法・間接話法とその変形として理解される自由直接話法・自由間接話法などの表現も、ヨーロッパ語が規範とする文体であり、日本語の話法は本来より自由である

として、これを単純に適用された日本語文体論に対する違和感を表している。[29]私たちはそのような意味で不透明な日本語に対して、不透明なままに毎日対応しているのである。[30]

これに加えて、近代文学の作家たちの大半は、外国文学に造詣が深かったし、また現在でも日本の読書市場には、大量の翻訳書が出回っていることは言うまでもない。どこまで遡っても、唯一の言語的な核などというものはなく、言葉とは無数の他者によって紡がれた糸を借りて発話し、織り上げるものでしかない。外国語を翻訳する言葉も、またその翻訳を問題にする翻訳論の言葉も、それ自体が翻訳と決して無縁ではない。こうして翻訳を契機とした言語的思考は、まさに再帰的で循環的な様相を呈する。そして、分野を翻訳から、映画を中心とした原作のアダプテーションにまで広げても、同様のことが言えるのではないだろうか。

3 「世界文学」と流通の問題

翻訳と原作が流通する局面について考える際に、デイヴィッド・ダムロッシュが論じた「世界文学」の問題を考慮に入れることができる。ダムロッシュは「世界文学」の定義の一つとして、「翻訳を通して豊かになる作品である」という項目を挙げた。[31]すなわち、「翻訳を通して貧しくなる文学は、国や地域ごとの伝統の内部にとどまる。これに対し、射程が広がり、深みが増すことで文体上の損失が相殺されるなら、翻訳を通して豊かになる文学として世界文学の仲間入りを果たす」と

ダムロッシュは言う。[32] このダムロッシュの本に解説を寄せた沼野充義は、別のところでダムロッシュを引き合いに出し、村上文学こそそのような「世界文学」であると述べている。[33] すなわち、「一つの『村上文学』というものは存在しない。翻訳される言語の数だけ、翻訳者の数だけ、村上文学はある」とし、その総体を「世界文学の一部」と見なしうると沼野はまとめる。[34]

　ダムロッシュ・沼野とは別の観点から、特に『1Q84』（二〇〇九、二〇一〇）を取り上げて村上文学の世界性を論じたのが三浦玲一である。[35] 三浦によれば、村上は多数に上るアメリカ文学作品の翻訳者というだけではない。すなわち「村上は、アメリカ文学から学んでいるというより、アメリカ文学を書いているのである。彼は、アメリカ文学を書く日本人作家である」と述べる。[36] その「アメリカ文学」とは、単にアメリカの「土着性や風土」を指すのではなく、「グローバル・ポピュラー・カルチャーの文学」を意味し、アメリカもまたその「グローバル文化の犠牲者」とされる。[37] 三浦によれば、グローバリズムとは現代の「リスク社会」において、生存はあくまで「自己責任」であるとする新自由主義のことである。それが文字通り地球上を覆い、先輩であるアメリカ以上に日本こそがグローバル・ポピュラー・カルチャーのメッカとなったとする歴史認識の下に、村上その他のテクストを位置づけている。また三浦も、村上のテクストは日本語の原文ではなく翻訳で読まれることの方が多いとして、これを「原典主義的な枠組み」[38]の崩壊と呼び、それも村上文学をグローバルな文学と呼ぶ理由とされている。

　三浦の論理構成には学ぶべきところがある。たとえばダムロッシュにも通じることとして、翻訳

が一般的となった現代、アンダーソンの唱えた言語とナショナリズムとの結びつきは改めて検証されるべき部分がある。ジョナサン・カラーがそれに触れ、「バルガス・リョサは国際的な名声を有する作家であり、ペルー人読者の数よりも、スペイン語も解さずペルー人でもない読者ははるかに多く持っている」としたことは[39]、村上作品にも同じことが言えるだろう。しかし、三浦が問題とした『1Q84』だけが村上作品ではなく、また新自由主義の自己責任論は確かに問題とすべきだが、十年二十年の間の情勢を、文芸理解万般と直結するのはどうだろうか。これは、〇〇年代などの区切りで文芸をとらえようとする世代論的な追究全般にも言える。すなわちそれは、たとえ永遠ではないにしても、文芸テクストの時局を超えて機能する要素を見損なうのではないだろうか。

一方、前述のようにダムロッシュが「世界文学」について、「翻訳を通して豊かになる作品である」と述べていることは傾聴に値する。ただし、ここまでの議論と接続すれば、そもそもその「豊かさ」とは、詩的かつ制作的な生産性とともに、非同一的な収束しない主体や意味を提供することであり、しかもそれが翻訳やアダプテーションなどの第二次テクスト現象そのものにおいて、再帰的で循環的な形で行われるものとしてとらえられる。

さらに、ダムロッシュのいう「世界文学」は、その「価値」ではなく「翻訳可能性」によって決まるとされ、結果的に「世界文学」となるのは、偶然ではないにしても、良い翻訳者が得られ翻訳の普及が実現した幸運な作品である。そうなるとダムロッシュの「世界文学」とは、いわば広い意味での文学の市場の問題であり、その中で勝ち残った作品ということになる。文学も市場の商品で

ある以上、その局面があることは決して否定しえない。また、いわゆる「文化研究」の方法論流行以来、大量に発表されている社会・経済的環境を含むいわゆる文学場における文学の問題追究が、一定の成果を挙げてきたことも認めなければならない。しかし、およそ文芸研究がその対象の価値を問題にしなくなることには、大きな違和感を禁じえない。もちろん、その価値の評価は、決して何か大きな物語の価値体系を単純に参照して良し悪しを決めるものであってはならず、仮にそうなるならばもはや説得力を持ちえないだろう。むしろ、翻訳や原作が作られ受容される第二次テクスト現象の過程そのものを流通としてとらえ、そこにおける再帰的で非同一的な操作から、〈対―形象化〉の分析や詩的・制作的な生産性の評価を行うことができる。そのように見るならば、第二次テクスト現象とは創造と解釈の過程なのだから、流通もまた、広い意味で創造と解釈の過程以外の何物でもない。その時、対象がダムロッシュのいうような「世界文学」であるかないかは、もはや副次的なことになるとは言えないだろうか。

4 『神の子どもたちはみな踊る』と同一性の極

以上の問題意識に従って、二つの事例を提供しよう。まず、「神の子どもたちはみな踊る」である。村上春樹は周知のようにカーヴァー、オブライエン、フィッツジェラルド、サリンジャー、チャンドラーほか多くのアメリカ文学の翻訳者であり、また村上の作品は多数の各国語に翻訳されて

いる。国際交流基金のホームページ「日本文学翻訳書誌検索」によると、その数は同一作品の重複を含めて一、一〇〇件以上にも上る。[40]村上は柴田元幸との対談『翻訳夜話』において、翻訳とは「もっとも効率の悪い読書」にほかならず、その「読書」は手を動かすことで「自分の中に染み込んでいく」と述べている。[41]パトリック・オニールが、翻訳者とはテクストを読むことによって自らのテクストを産出する読者であるとの立場から、「あらゆる翻訳者は、換言すれば、読者にして作者なのだ」と論ずるように、[42]この村上の言葉は、翻訳を書くことは原典を読むことであり、読むことはまた書くことでもあって、受容が創造の行為となること、またそれが身体論的な局面を持つ（「染みこむ」）ことを示している。また村上は翻訳と原典との間には「ある種の乖離というか遊離」があり、「自分の書いたものでありながら、自分のものではないという二重性がある」と語る。[43]村上はエッセー「翻訳すること、翻訳されること」でも、それを「自分自身というものを、違った場所から再査定《リバリュエート》すること」と規定している。[44]翻訳が非同一性の体験であり、主体の二重化・多重化が行われるということである。さらに、同じような理由から、一般には原典からの正確性が問われる重訳についても許容するとしている。[45]

英語の村上作品の多くは、アルフレッド・バーンバウムとジェイ・ルービンらによって翻訳されてきた。既に相当数の村上作品英訳論が発表されているが、ここでは英訳の研究が目的ではない。また、幾つかの小説が原作として映画化され、そこには外国映画も含まれている。村上原作の映画については、四方田犬彦が詳しく論じており参考になる。[46]その中に、ロバート・ログヴァル監督に

より二〇〇八年に公開されたアメリカ映画『神の子どもたちはみな踊る』（*All God's Children Can Dance*）がある。原作「神の子どもたちはみな踊る」（『新潮』一九九九・一〇）は村上による連作短編集『神の子どもたちはみな踊る』（二〇〇〇・二、新潮社）の表題作となった小説であり[47]、この作品集はルービンによって二〇〇三年に*After the Quake*[48]のタイトルで英訳されている。これは「地震の後で」という雑誌『新潮』初出時の連作総題に由来するタイトルである。この連作が一九九五年二月の大震災に触発されて書かれ、作中にそれへの言及があることもよく知られている。

　原作の短編では、「お方」を崇拝する新興宗教を信心する母の息子・善也が、避妊したのにもかかわらず「お方」の意志で妊娠し、お前を産んだという母の言葉が信じられず、かつて母が関係した産婦人科の医師と思われる男を街で見つけ、その後を追うが、彼は郊外の野球場で姿を消し、善也はマウンド上で一人ダンスを踊る[49]。この作品では、母が信者とともに大阪へ奉仕活動に行っていること以外に、一見震災との関係はない。しかし、引用した結末近くの一節に「自分が踏みしめている大地の底に存在するもの」を想像し、「それらもまた地球の律動を作り出しているものの一員なのだ」ととらえる文があり、ここに震災との強い繋がりが認められる。

　どれくらいの時間踊り続けたのか、善也にはわからない。でも長い時間だ。わきの下が汗ばんでくるまで彼は踊った。それからふと、自分が踏みしめている大地の底に存在するもののことを思った。そこには深い闇の不吉な底鳴りがあり、欲望を運ぶ人知れぬ暗流があり、ぬるぬ

るとした虫たちの蠢《うごめ》きがあり、都市を瓦礫《がれき》の山に変えてしまう地震の巣がある。それらもまた地球の律動を作り出しているものの一員なのだ。彼は踊るのをやめ、息を整えながら、底なしの穴をのぞき込むように、足もとの地面を見おろした。［……］

善也は黙って田端さんの手をとり、長いあいだ握っていた。胸の中にある想いを相手の手に伝えようとした。僕らの心は石ではないのです。石はいつか崩れ落ちるかもしれない。姿かたちを失うかもしれない。でも心は崩れません。僕らはそのかたちなきものを、善きものであれ、悪《あ》しきものであれ、どこまでも伝えあうことができるのです。神の子どもたちはみな踊るのです。その翌日、田端さんは息をひきとった。

善也はピッチャーズ・マウンドの上にかがみこんだまま、時の流れに身をまかせた。遠くのほうでかすかな救急車のサイレンが聞こえた。風が吹き、草の葉を踊らせ、草の歌をことほぎ、そしてやんだ。

神様、と善也は口に出して言った。◉50

ここでは、「大地の底に存在するもの」は物理的・精神的な危機の根源であり、人間を襲う不安の比喩形象（figure）であって、踊ることは自らをそれに同期（synchronize）させる身体的行為となる。このダンスを通じて、自分の真の父は誰かを知りたいという宿願がその不安に満ちた暗闇と大地を挟んで地続きであることを体認し、その宿願自体は薄らぐ反面、そのような危機と不安につい

て「どこまでも伝えあうこと」に信頼を置こうとする。だからこそ「神の子どもたち」は複数形でなければならない。かつての反発に反して、自分は神の子どもだと言い、最後に「神様」と「口に出して」発話するのは、神を信じて母の宗教に帰依するということではなく、危機とともにあることを発話によって肯定し受け入れる態度を示すのかも知れない。しかし、あらゆるテクストは完全解釈できるものではないという以上に、この作品も含めて村上のテクストには汲み尽くしえないものがある。いずれにしてもここでは、父親の探求といういわば古典的な自己同定の物語話型が、その同一性を、自らを脅かす危機そのものの直視と同居という非同一的な展開において昇華する物語へと変異せしめられている。

ルービンによる村上作品の翻訳については、「タイランド」（『新潮』一九九九・一二）や、「緑色の獣」（『文學界』一九九一・四臨時増刊）に触れて既に論じたところである。[51] この短編「神の子どもたちはみな踊る」は、善也が彼女に「かえるくん」と呼ばれるところを、翻訳では"Super-Frog"と訳し、「彼の踊り方が蛙に似ていたからだ」という理由も、"because he looked like some kind of giant frog when he danced"と、原文にはない"giant"を補っている。[52] これは連作で次の次に置かれた「かえるくん、東京を救う」（*Super-Frog Saves Tokyo*）と関連づける言葉遣いだろうか。また、原作で母が善也に「まぐわいのことはわかるわね？」（傍点原文）と善也の出生の秘密を語る一節があるが、翻訳ではこの古めかしい「まぐわい」という言葉を、"*to have knowledge of*"というやはり古めかしい言い回しで訳し、イタリック体で表記している。[53] それらを含む特徴が見られるものの、

ルービンの訳は原作の物語を大きくはみだしてはいない。

ところが、ログヴァル監督の『神の子どもたちはみな踊る』は、原作を知る者にとっては、少々衝撃的な作品である。すなわち、舞台はアメリカ、ロサンゼルスに採られ、善也にあたる主役のケンゴをジェイソン・リュウが演じたほか、母のイヴリンをベルナルド・ベルトリッチ監督の『ラストエンペラー』（一九八八）やデイヴィッド・リンチ監督の『ツインピークス』（一九九〇～一九九一）に出演した上海出身のジョアン・チェン、田端さんにあたるグレンを香港出身のツィ・マーが演じるなど、主なキャストはすべて中国系である。それだけでなく、彼らはロサンゼルスのコリアンタウンに住んでおり、店の看板にはハングルが見え、ラジオからは韓国語が聞こえる。日本人の書いた作品を脚色したアメリカ映画で中国系の役者たちがコリアンタウンで演じるのである。作中で、バスで乗り合わせたポーランド系の女性が、中国系だというケンゴに、リトル・トーキョーや、チャイナタウンはあっても、ポーランド人街はない、あなたの家はチャイナタウン？と尋ねて、ケンゴがいやコリアンタウンだと答えると、「ややこしいわね」（"Oh, that's confusing!"）と答えるショットがあることからも、このような設定は意図的であることが分かる。この映画のプロデューサーの一人スティーヴ・ゴリンは、アレハンドロ・ゴンサレス・イニャリトゥ監督の映画『バベル』（二〇〇六）でもプロデューサーを務めている。これはモロッコ、アメリカ、メキシコ、日本を、一発の銃弾が繋ぐ連鎖構造を描いた力技の作品であり、混成への志向にはこれと共通するものが感じられる。

さらにケンゴの彼女サンドラを、ヴィム・ベンダース監督の『パリ、テキサス』（一九八五）などで著名なナスターシャ・キンスキーの娘、ソーニャ・キンスキーが演じ、ケンゴの父らしき男はアメリカ人ジョン・フェレックである。原作では耳たぶの傷は犬に噛まれたとされるが、映画ではベトナム戦争の軍医であったため、戦傷だろうと母は思っている（付言すれば原作では右耳だが、映画では左耳である）。ケンゴの子ども時代はアジア人の顔つきをしているが、現在はラテン系とも言えるような風体である。そのような二重三重に混成的な基盤の上に、映画『神の子どもたちはみな踊る』は原作と同じく、父を求めて追跡する主人公の姿を追って行く。原作と同様に、追跡の途中に過去の回想がフラッシュバックとして導入されるが、原作では過去において終わったとされる彼女との関係、および三年前に死んだ田端さんの挿話が、映画では現在進行中として組み込まれる。原作と同じく二日酔いの朝から始まるが、ケンゴは善也と比べると、白昼からマスターベーションを始めたり、サンドラと空き部屋で性交したりと放縦な生活をしており、どうやら父の不明が心の傷となっているという作りらしい。日本の一九九五年の震災が、死者五十七名を出した一九九四年のノースリッジ地震、いわゆるロサンゼルス地震に置き換えられ、東京の地下鉄とタクシーがロサンゼルスの地下鉄とバスに移されているが、最後に野球場で男の姿を見失い、マウンド上で踊るのは同じである。ただし、見過ごしえない大きな違いがある。原作は、フラッシュバックを交えながらも野球場の場面で終了するが、映画はその後、ケンゴが町へ戻る場面が付け加えられている。映画では、野球場へ続くトンネルでケンゴは男に後ろから“Dad?”（お父さん？）と呼び掛け、街へ戻

って病床のグレンを見守る母に対して、"I saw my father today."（今日お父さんを見たよ）と告げるのである。[54]

俳優の水準と役柄の水準との両方において、すなわち映画のテクストと物語内容両者が錯綜して形成された、いわば出自・起源の坩堝と言えるこの環境の中にあって、ケンゴは自分のルーツとしての父を認めたと信じたのである。これは原作とは微妙かつ決定的に異なって、むしろある意味では正反対の帰結である。原作の善也は、父の探索を断念して「大地の底に存在するもの」と同調することをもって非同一的な同一性に達したが、映画のケンゴは、父を見失ってもそれが父であることを疑わない。逆に映画から原作を見るならば、結局善也が到達したのは、「伝え合うこと」の可能性に依存した微温的な境地に過ぎず、映画のケンゴはむしろそれに失望したからこそ、あくまでも自分個人の根源を見極めようとしたとも受け取れる。どちらが正しいかではない。第一次テクストから第二次テクストへと、同一性の極が反転したのである。

ところで、加藤典洋は、連作『神の子どもたちはみな踊る』は、ロバート・アルトマン監督の『ショート・カッツ』（一九九三）から霊感を得たのではないかと推定している。[55] レイモンド・カーヴァー原作の幾つもの短編を連鎖的に結合し、最後に人々を地震が襲うこの一八八分の映画を、村上はアメリカ滞在中に見て、『やがて哀しき外国語』（一九九四・二、講談社）に収められたエッセー「『カーヴァー・カントリー』を描くロバート・アルトマンの迷宮映画」を書いている。そこに「近未来のロス・アンジェルス大地震」とあるように、[56] ノースリッジ地震の前の年に作られたこの

映画は結果として予言的であり、舞台はほかならぬロサンゼルスである。仮に加藤の指摘が正しいとするならば、村上の「神の子どもたちはみな踊る」は第二次テクストと見なされ、このような流通の過程において、ロサンゼルスに始まった連鎖の糸が、日本を経て再びロサンゼルスに戻り、地震が地震へと受け継がれ、その経路で物語の同一性は二転三転を繰り返したことになるのである。

5 『薬指の標本』――甘美な（自己）監禁

次に、小川洋子の「薬指の標本」は、『新潮』一九九二年七月号に掲載され、二〇〇五年にフランスのディアーヌ・ベルトラン監督によって映画化された。小川の作品は、国際交流基金のデータベースによると一七〇件以上が翻訳され、そのうち最も多いのはフランス語への翻訳である。[57] 小川はフランスで人気があり、フランス語版には日本にも存在しない主要作品を網羅した二巻本の作品集があって、そのすべての作品をローズマリー・マキノ＝ファヨール（Rose-Marie Makino-Fayolle）が訳している。工場で左手の薬指の先を切断してしまった「わたし」が弟子丸《でしまる》氏の標本室に勤め、彼に贈られた靴を履くうち彼と交わるようになるが、火傷の跡を標本にしようとする少女が彼の標本技術室に姿を消すと、「わたし」は彼女に嫉妬して自分の薬指を標本にしてもらおうとする。小川文芸の精髄とも言えるこの作品は、脚本も書いたベルトラン監督の手によって変異を遂げた。

映画『薬指の標本』（*L'annulaire*）は、標本室に通勤するイリスがホテルの一室を船員の男と昼夜

でシェアする設定となっており、男の申し出により二人が最後に逢おうとしてすれ違う物語が、本筋に対して第二の物語となる。このホテルは港にあり、その場面はドイツのハンブルクで撮影された。ただし、村上の作品がある時期から地名を明記し、「神の子どもたちはみな踊る」も東京からロサンゼルスに移されたのと対照的に、小川の舞台は本来どこともつかない場所であり、この映画でもそれは特定されていない。イリスは船で職場に通っているが、イリスという名前も含めて、この設定は、「薬指の標本」を長編に展開した趣もある『ホテル・アイリス』（一九九六・一一、学習研究社）から導入されたものと思われる（こちらも仏訳されている）。◉58 また、標本室には、時折原作には登場しない少年が幻想のように現れ、イリスのすることを微笑みながら見ている。この少年の登場は一見映画のオリジナルのようであるが、実はこれも小川のテクストとの関連が考えられる（後述）。

ところで原作には、和文タイプライターが最初から登場し、後半で決定的な役割を演じる。「わたし」は標本に貼るシールを和文タイプで作成するのだが、過って活字盤を床にぶちまけてしまい、弟子丸氏の命令で一晩がかりでそれを拾って元に戻し、初めて二人で朝を迎える。

それを抱えたままタイプの方に一歩踏み出した時、視界の中を弟子丸氏の足が横切り、わたしはつまづいて活字盤を落としてしまった。活字が一本残らず床に散らばった。［……］しかし実際、活字は数えきれないほどあった。漢和辞典の見出し語が、全部ばらばらにこぼれ落ちたのと同じだった。わたしはつまずき、ひざまずいたままの姿で、しばらくじっとして

いた。

「さあ、拾うんだ」

彼が言った。[59]

この部分のフランス語訳[60]を参照すると、和文タイプライターに対応するフランス語は単に"la machine"であり、「タイプを打つ」は"taper à la machine"であって、和文タイプであることは分からない。「漢和辞典の見出し語」に匹敵する活字が散乱する箇所も、単に"le dictionaire"となっていて、漢和辞典とは明記されない。従ってフランス語訳では、これが欧文タイプライターではなく、和文タイプライターであることは明示されていず、これらの文章に限れば、読者に誤解や混乱を引き起こす可能性がある。とはいえ、原文の「麗」や「糖」など七つの活字が出て来るパッセージは翻訳にも受け継がれており、それは漢字ではなく、"SPLENDIDE"や"SUCRE"などと意味をとって表記されている。ひらがなの「ぬ」は音写"NU"であるが、憂鬱の「憂」が"AMOUR"（愛）に変わっているのは、意図的な意訳なのか取り違えなのか分からない。[61]ともあれこれらの表現により、これが単純な欧文タイプライターではなく、一字が一語と対応することもある特殊なタイプライターであることは示唆される。にもかかわらず、現在では日本でもほとんど見ることのない和文タイプライターを想起することはできないだろう。ワードプロセッサー、さらにパーソナル・コンピューターの普及以来、和文タイプは見かけなくなったが、一九八〇年代に至るまで、事務室には欠

かせない道具であった。ちなみに、山﨑眞紀子の「小川洋子　年譜」によると、小川は大学卒業後、一九八四年から一九八六年にかけて、「倉敷市内の川崎医大秘書室に勤務」したことがある。[62]

　ところがこれが映画では、活字盤ではなく、中国人が標本として持ち込んだ麻雀牌に変えられるのである。元々、フランス語映画のため和文タイプが登場する余地はない。一九一四年に岡山県出身の杉本京太（一八八二～一九七二）が発明し、翌年特許を取った和文タイプライターは、その後基本的には同じ原理によりながら改良を加えられ、七十年間に亙って広く利用された。[63]一般文書用の機種においては、その文字種は二千から三千程度であった。[64]この数の活字を秩序に従って揃えるのは一晩かかるかも知れないが、麻雀牌の方はたくさんあるように見えるものの、実際は百三十六枚しかない。点棒も併せてどれほどゆっくり片付けても、一時間もあれば終わる。もっとも、映画の作りは美しく、決して不自然な感じは受けない。

　ただし、小川はその後、「バタフライ和文タイプ事務所」（『海』二〇〇六・一〇）という傑作短編を発表している。これは医学部の論文をタイプする「私」が、糜爛《びらん》の「糜」、また睾丸の「睾」の傷ついた活字を直してくれる活字管理人に惹かれ、故意に「膣」の活字に傷をつけて持ち込む話である。

「自分だけのやり方で、じっくりと活字に触れるのが、僕の仕事です」

　彼は膣に指を這わせます。熟練した指先は、迷いもなく砂に埋もれた入口に行き着き、襞を

かき分けます。

思いの外そこには奥深い部屋が隠れています。入口にあったのよりもずっと細やかな襞が、びっしりと壁を覆い、それらはまた独自の生命を持つもののようにうごめいて、指を更に奥へと誘います。[65]

文字（活字）と現実との間にある境界を越境する絶妙な文体が見事である。そのような文字と表現に対する偏愛を念頭に置くならば、活字盤を麻雀牌に置き換えたのは、原作の持ち味を損なう操作とも言えなくはない。事務所の名前バタフライは、活字を探す手の動きが蝶のように見えるためとされるが、小説「薬指の標本」の二人が密会する浴場のタイルには、蝶々の模様が描かれていた（映画でもこの設定は踏襲されている）[66]。確実に、二つのテクストの間には繋がりがある。ちなみに、「バタフライ和文タイプ事務所」のフランス語訳では、漢字と音写が添えられていて、「薬指の標本」とは異なった翻訳方法が採られている。[67]

その反面、映画は、期せずして『神の子どもたちはみな踊る』と似たような変異を与えられている。主役のイリスを演じるのはオルガ・キュリレンコであり、ウクライナ出身のモデルでこの映画が女優の初仕事であるが、その後マーク・フォースター監督『007　慰めの報酬』（二〇〇八）でボンドガールに抜擢される。標本技術士のマルク・バルベはフランス人、船員のスティペ・エルツエッグはクロアチア生まれのドイツ育ち、靴磨きのソティギ・クヤテはマリのバマコ出身という具

合で、これらに加えて中国人も登場し多彩なキャストを構成する。『神の子どもたちはみな踊る』と同じく、『薬指の標本』も舞台を海外に移したことで、原作の持つ均質な共同性を打ち破り、明白に混成体的な空間を基盤として与えられたが、それは各々の原作に既に存在していた非同一性の契機を拡大したものであったのではないだろうか。ＤＶＤに収録されたインタビューでベルトラン監督は「映画化にあたり世界観を守ることに気を配りました」[68]と述べ、また小川も「自分の頭の中だけに最初あったイメージが、こんな風に映像再現されているということに、驚きと喜びに打たれ」[69]たと言うのだが、見た印象はかなり違っている。だが、変形・変異の過程においてこそ見出される原テクストの特徴もある。

　すなわち、小川洋子の『アンネの日記』（一九四七）に対する傾倒ぶりはよく知られている。小川は探訪旅行記『アンネ・フランクの記憶』（一九九五・八、角川書店）とＮＨＫの講座『１００分de名著「アンネの日記」』（二〇一四・八、ＮＨＫ出版）に展開したほか、多数のエッセー類でアンネに触れ、長編『密やかな結晶』（一九九四・一、講談社）や『沈黙博物館』（二〇〇〇・九、筑摩書房）などで『アンネの日記』を参照している。筆者が既に論じたところによれば[70]、小川のテクストにおける〈アンネ・コード〉は、死と消滅に裏打ちされたエクリチュール、微細なアイテムの表象、監禁または自己監禁の状態、狂気的技術者（マッド・サイエンティスト）、それに成長を止めた少年、いわゆるネオテニー（幼体成熟）などにまとめられる。『アンネの日記』の第二次テクストとして見た場合の小川のテクストは、一方では旅行記と講座によって原テクストに対して同一性の軸にお

いて、他方では小説群の中では非同一性の軸において、原テクストに対応したと思われる。

そのような観点から見れば、弟子丸氏は一種のマッド・サイエンティストであり、「弟子丸」は"decimal"つまり十進法の含みを持ち、異様なまでに秩序に執着する技術者を暗示する地口かも知れない。そして映画にのみ登場する少年も、〈アンネ・コード〉の少年像と通底する。狂気的技術者はナチスの秩序立った仕事、特にアウシュヴィッツの医師に通じ、成長を止めた少年は、アンネと隠れ家に同居していたペーターを思わせる。自ら保存液の中に密封され、標本室に保管されることを願う「わたし」は、弟子丸氏によって監禁されることを望むのである。加えて、"annulaire"（薬指）は"anneau"（指輪）に由来する言葉であり、仏訳のタイトルには「標本」が入っていないが、むしろそのことにより、進んで束縛されることを求める含意が強調されているとも言える。先に挙げた『ホテル・アイリス』への引喩（allusion）も含めて、映画は原作における愛という名の甘美な支配と隷従を、強迫的な依存性を滲ませた繊細な映像によって、さらに甘美にも強化している。これらは、原作の映画化というアダプテーションであると同時に原テクストの解釈でもあり、映画は原作にもあった要素を変異・変形によって増幅させ、またそのこと自体においてオリジナリティを獲得しえたのである。先の二人のインタビューにおける発言も、そのように理解することができるのではなかろうか。

おわりに

固よりこの二つの事例から、第二次テクスト一般の問題を帰納することはできない。しかし、いずれにしても、結局、テクストの創造と受容の回路を通じて、世界における流通は一方向へ流れるのではなく、増幅・対立・分裂・組み換えをはらみつつ、循環的・再帰的に逆流を繰り広げる可能性を持つことは明らかになっただろうか。第二次テクスト論の射程、特にその国際的な射程とは、同一性と非同一性との間で行われるこのようなテクスト的流通の総体を含むのである。この射程には、芸術・文芸・表象のテクストにおけるオリジナリティの神話を再検討する展望が開けるだろう。テクストを受容する際に感じられるオリジナリティの感覚は、それ自身が流動的で多様な感受性を持つ受容者と、右のような流通の過程に置かれたテクストとの出会いの場において発生する。従ってオリジナリティとは、そもそもテクスト的な現象にほかならず、それは常に既に変異の中で構成されてあるものと言わなければならない。とはいえ、それが一回的な受容の局面においてかけがえのない固有性の相貌を帯びて立ち現れることと、そのことは何ら矛盾するものではない。第二次テクスト論の射程に現れた批判と評価の両軸は、その事情を物語るものなのである。

有島武郎は〈惜みなく愛は奪ふ〉と主張したが、この「愛」とは自己内部の個性であると同時に、他者の持ち味でもあって、このフレーズは〈惜しみなく他者は奪ふ〉と読み換えられる。[71] 個性が他

者の群と相互に浸透し合う状態、他なるものが交錯する場所で、いわば意想外な形で立ち現れる自己こそが、「二つの道」の分裂を取り込んだ有島の主体論の帰趨でもあった。小川洋子もまた、小説を書いている途中で、「自分の頭の中で作り出した人物たち」の言葉を聴き取って書き写していると感じ、「この人たちは私が作ったんじゃない。私が生まれるずっと前からここにいたのだ」という感覚に見舞われ、「だとしたら私は、登場人物たちの物語を書き写しているに過ぎない」と、また「つまり私はずっと、自ら書いた小説を発表してきたような振りをしながら、実は盗作を続けてきたとも言えるのではないだろうか」とする感慨を、エッセー「盗作を続ける」において述べていた。[72] 享受はもちろんのこと、創造の場においてさえ、テクストは他者との出会いの場所にほかならない。第二次テクスト論の射程に現れた翻訳・原作・流通の局面から見える問題とは、そのような初心の執筆や鑑賞の現場で起こっていることと、本質的に変わるものではないのである。

◉—注

序説　文芸の様式と映画の特性——豊田四郎監督『雪国』

1——十重田裕一「川端康成と映画」（田村充正・馬場重行・原善編『川端文学の世界4　その背景』、一九九九・五、勉誠出版）。

2——同右、二五五〜二六〇ページ。

3——同右、二六一ページ。

4——福田淳子「川端映画化作品リスト」（『別冊太陽』二〇〇九・一）、および志村三代子「川端康成原作映画事典」（坂井セシル、紅野謙介、十重田裕一、マイケル・ボーダッシュ、和田博文編『川端康成スタディーズ　21世紀に読み継ぐために』、二〇一六・一二、笠間書院）参照。川端の原作映画は四十一編にのぼる（他に監修一編）。

5——川端と映画界・映画人との繋がりについては、小谷野敦『川端康成伝　双面の人』（二〇一三・五、中央公論新社）においても、詳しく追究されている。

6——蓮實重彥「映画と文学」（浅沼圭司・岡田普・佐藤忠男・波多野哲朗・松本俊夫・秋山邦晴編『新映画事典』、一九八〇・九、美術出版社）。「映画と文学とをめぐって、その類似点と相異点とを明らかにしようとする思考の運動は、それがいかに生真面目で律儀なものと映ろうと、映画と文学に対する正しい姿勢とはいえない。というのも、求められたわけでもないのに比較へと伸びてゆく思考は、絶対的な差異として同時に共存しあっているものを、相対的な差異に置き換えてしまうからだ。比較とは、『知』

の歴史を蝕む永遠の宿弊にほかならない。類似点と相異点とを計測することによって、『知』は比較の対象に対する優位を確保しえたと信じこむことができるからである。ところでそのとき、主体としての『知』は現象としてある映画と文学とを、ともに一般的な概念に還してしまっているのだ」（七三ページ）。

7——川端康成の小説『雪国』は、「夕景色の鏡」（『文藝春秋』一九三五・一）から「続雪国」（『小説新潮』一九四七・一〇）に至るまで、十一編の短編として断続的に発表された。一九三七年六月に単行本として創元社から刊行され、戦後一九四八年一二月に改訂されて再び創元社から刊行された。また、一九四九年六月に『川端康成全集』6（新潮社）、および一九六〇年六月に『川端康成全集』5（同）に収録される際にも、それぞれ加筆された。

本稿において『雪国』のテクストは、『川端康成全集』10（一九八〇・四、同）所収本文を用いる。この本文は著者生前に制定された一九六〇年版全集の本文を踏襲した『川端康成全集』5（一九六九・四、同）の所収本文を底本とし、『定本雪国』（一九七一・八、牧羊社）の改訂箇所をすべて採り入れて作成されている（同全集「解題」による）。

ちなみに、本章で問題としている箇所は、豊田作品が製作される以前に刊行された一九四九年版『川端康成全集』6所収本文にも、既にすべてほぼ同じ文章として存在することを確認済みである。

8——四方田犬彦「川端康成と日本映画」（『國文學　解釈と教材の研究』二〇〇一・三）。また十重田裕一『「名作」はつくられる——川端康成とその作品』（二〇〇九・七、NHK出版）も、『雪国』の映画的表現について論じている。

9——中山眞彦「救済としての文学——『雪国』とその仏訳について」（『現代文学』一九八四・六）。

10——直喩の構造については、中村三春「争異するディスクール——『銀河鉄道の夜』」（『修辞的モダニズム　テクスト様式論の試み』、二〇〇六・五、ひつじ書房）参照。

11――「『駒子の唇は美しい蛭の輪のやうに滑らかであつた』というのは島村が彼女の唇にキスをしたという川端流のいいまわしである。彼女の唇が視覚の対象ではなくて、触覚の対象にここでは変化している」（鶴田欣也「『雪国』の性描写」、『国文学　解釈と鑑賞』別冊『川端康成「雪国」60周年』一九九八・三、至文堂）。

12――代表例として、引用部分に該当するフランス語訳を挙げると次の通りである。

La lune brillait derrière elle, si claire qu'elle ourlait d'ombres nettes ses oreilles et déversait très avant dans la chambre sa lumière, qui vernissait les nattes d'une eau verte et frileuse.

—Non. Je voudrais rentrer chez moi, s'il vous plaît.

—Tu n'as pas changé, comme je vois.

Et Shimamura, ayant levé la tête, lui trouva quelque étrangeté et scruta ce visage délicatement aquilin.

(Yasunari Kawabata, *PAYS DE NEIGE*, traduit par Bunkichi Fujimori et Armel Guerne, Éditions Albin Michel, Paris, 1960, pp. 153-154.)

（直訳）月は彼女の後ろで輝き、それがとても明るいので、彼女の耳を鮮明な影で縁取り、またその光を部屋の中のかなり前の方まで注ぎ、緑色で冷たい水の光沢を畳に与えた。

「いや。私は自分の家に帰りたいの、お願い。」

「君は変わっていない、私が思ったように。」

そして島村は、頭を上げて、彼女をどこかおかしいように思い、そしてその繊細にとがった顔をよく見た。

この場合、島村が駒子にキッスしたことを暗示する「駒子の唇は美しい蛭の輪のやうに滑らかであった」の一文が訳されていないために、駒子がなぜ「いや」云々と言ったのかが、原文以上に不明瞭となっている。ちなみに、英訳（Yasunari Kawabata, *Snow Contry*, translated by Edward G. Seidensticker, Charles E.Tuttle Company, 1956）の該当箇所でも「蛭の輪」のくだりは訳出されていない（一九八八年版を参照、一〇一ページ）。

なお、もう一箇所の「蛭の輪」の直喩は、「細く高い鼻が少し寂しいけれども、その下に小さくつぼんだ唇はまことに美しい蛭の輪のやうに伸び縮みがなめらかで」云々の文章に現れる。この箇所もフランス語訳では「蛭の輪のやうに」の比喩を訳していない（前掲フランス語訳、六一ページ）。英訳では、"like a beautiful little circle of leeches"として訳されている（前掲英訳、三二ページ）。

13──髪を拾う行為の叙述は、フランス語訳にもある（前掲フランス語訳、一二七ページ）。英訳では、「髪飾り（the hair ornament）を拾った」と訳されている（前掲英訳、七九ページ）。

14──Gilles Deleuze, *Cinéma 2: L'Image-Temps*, Les Édition de Minuit, 1985, Paris, p.239. ジル・ドゥルーズ『シネマ２＊時間イメージ』（宇野邦一・石原陽一郎・江澤健一郎・大原理志・岡村民夫訳、二〇〇六・一一、法政大学出版局）、二五六ページ。

15──これは共同研究「一九五〇年代日本映画と日本文学との相関研究」（科学研究費補助金・基盤研究（C）、二〇一〇年度〜二〇一二年度、研究代表者・中村三春）の研究成果に基づく概略の数字である。

16──ちなみに、一位は成瀬巳喜男監督の『浮雲』であった。

17──中山眞彦「救済としての文学」（前掲）。

18──八住利雄『雪国』（シナリオ新書22、一九五七・四、映画タイムス社）、七七ページ。

19──佐藤忠男『日本映画史』２（一九九五・四、岩波書店）、二七〇〜二七三ページ。

20——豊田四郎「演出にあたって」(前掲、八住利雄『雪国』に再録)、四ページ。

21——エドワード・G・サイデンステッカー「『雪国』の翻訳」(前掲『川端康成「雪国」60周年』)。ちなみにこの講演でサイデンステッカーは、前述の「蛭の輪」のくだりの英訳について、「いろいろ貶《けな》されました」「でも、日本語としてもとんでもないですから、とんでもないことはとんでもないことに翻訳していいいと思います」と述べている。またサイデンステッカーは、遡って『現代日本作家論』(一九六四・六、新潮社)所収の「川端康成」においても、「私はこの場面の翻訳が、原文への忠実さにおいても芸術性においても、ともに適切だという確信をいだいている」と述べていた(六八ページ)。

22——四方田犬彦「川端康成とその作品」(前掲)。

23——サイデンステッカー「『雪国』の翻訳」(前掲)。

I 〈原作現象〉の諸相

第一章 〈原作〉の記号学——『羅生門』『浮雲』『夫婦善哉』など

1——浅沼圭司『映ろひと戯れ——定家を読む』(一九七八・五、小沢書店)、一三〇ページ。

2——重政隆文「映画の見方、文学の読み方」(『國文學 解釈と教材の研究』二〇〇八・一二)。

3——ジル・ドゥルーズ『シネマ』1・2(一九八三・一九八五、財津理・齋藤範訳、宇野邦一・石原陽一郎・江澤健一郎・大原理志・岡村民夫訳、二〇〇八・一〇、二〇〇六・一一、法政大学出版局)は、この各々を「光記号」「音記号」と呼んでいる。

4——映画的世界と前映画的世界については、浅沼圭司『映画のために』I(一九八六・四、水声社)参照。

5——ジェラール・ジュネット『パランプセスト』(一九八二、和泉涼一訳、一九九五・八、水声社)。

6——対象の技法(演出)、カメラの技法(撮影)、フィルムの技法(編集)については、浅沼圭司『映画のた

めに』I（前掲）参照。

7——ジュネットによれば、演劇化は相互様式的な様式変換の一つである。後掲注9の一覧表参照。

8——たとえば、脚本やコンテを実現化する溝口健二監督の撮影現場における演出の仕方、いわゆる「溝口システム」について、木下千花『溝口健二論　映画の美学と政治学』（二〇一六・五、法政大学出版局）が詳しく論じている（四八二〜四九〇ページなど）。

9——ジュネット『パランプセスト』における第二次テクストの諸相

○パロディ（逸脱）

○戯作（ピュルレスク、現代的）

○パスティシュ（模倣）

◇継ぎ足し

　完成　延長　連作的　不忠実（破壊的）　補遺　続き　エピローグ

◇転移（形式的、テーマ的）

（形式的転移）

　翻訳　韻文化　散文化　韻律変換　文体変換

　量的変形

　（縮小）切除　簡潔化　凝縮　ダイジェスト　疑似要約（ボルヘス）

　（拡大）拡張　膨張　増幅

　（縮小＋拡大、等）曖昧な実践

　様式変換

　　相互様式的な様式変換（演劇化、物語化）

様式内の様式変換（物語的様式の変異形、劇的様式の変異形）
（テーマ的転移、意味的変形）
物語世界的転移（時空間、性）　近接化（時間的、地理的、社会的）　語用論的変形（理由、目的）
動機化　脱動機化
動機変換
価値変換
二次的価値化（肯定、上昇）　脱価値化（否定、下降）
◇新しい補遺
◇形容しえないイペルテクスト（未知の・擬似、イポテクスト）
◇イペル美学的実践（変形＝パロディ、模倣＝パスティシュ）

10——脚本『羅生門』の結末は次の通りである（「羅生門」、『全集　黒澤明』3、一九八八・一、岩波書店、七一ページ）。

56　羅生門［……］

旅法師、恐ろしそうに赤児を抱きしめて身を退く。

「何をする！　この赤児から肌衣まではぐつもりか」

杣売、その旅法師を悲しそうに見る。

そして、静かに首を振る。

「俺のところには、子供が六人居る。しかし、六人育てるも七人育てるも同じ苦労だ」

と両手をひろげて出す。

11——原作「羅生門」の結末は次の通りである。「では、己が引剥《ひはぎ》をしようと恨むまいな。己もそうしなければ

ば、餓死をする体なのだ。」(「羅生門」、『芥川龍之介全集』1、一九七七・七、岩波書店、一三五ページ)。

12―近松『大経師昔暦』の結末は次の通りである。「黒谷の東岸和尚衣の袖をまくり上げ、韋駄天の如く飛来り。出家に棒をあてたらば五逆罪々々。サアおさん茂兵衛。此の東岸和尚が助けたと。持ったる衣を　打ちかけ〳〵肱を張って立ち給ふ」(重友毅校注『近松浄瑠璃集』上、日本古典文学大系49、一九五八・一一、岩波書店、二五〇ページ)。

13―西鶴の『好色五人女』巻三「中段に見る暦屋物語」の結末は次の通りである。「亭主聞とがめて、人遣し見けるに、おさん茂右衛門なれば、身うち大勢もよふしてとらへに遣し、其科のがれず、様々のせんぎ極、中の使せし玉といへる女も、同じ道筋にひかれ、粟田口の露草とはなりぬ」(堤清二校注『西鶴集』上、日本古典文学大系47、一九五七・一一、岩波書店、二八〇ページ)。

14―佐藤忠男『溝口健二の世界』(二〇〇六・一一、平凡社ライブラリー593)。

15―浅野洋・木村一信・三嶋譲編『作品と資料　芥川龍之介』(一九九五・三、双文社出版)。

16―「その夜更《おそ》く、帰つて来た。耳を澄ましてゐると、『今ごろは半七さんが、何処にどうしてござらうぞ。いまさら帰らぬことながら、わしといふものないならば、半兵衛様もお通に免じ、子までなしたる三勝どのを、[……]』と三勝半七のサハリを語りながらやつて来るのは、柳吉に違ひなかつた。」(織田作之助『夫婦善哉』、『武田麟太郎・織田作之助・島木健作・檀一雄集』、現代日本文学大系70、一九七〇・六、筑摩書房、二四五ページ)。

17―「今頃は半七様《はんひつつあん》。何所にどふしてござらふぞ。今更返らぬ事ながら。わしといふ者ないならば舅御様もお通にめんじ。子迄なしたる三勝殿を。[……]」(竹本三郎兵衛・豊竹応津・八民平七合作、祐田善雄校注『艶容女舞衣』、『文楽浄瑠璃集』日本古典文学大系99、一九六五・四、岩波書店、二九三ページ)。

18――多田道太郎「オダサクはんのめでたいユーレイ」（『織田作之助』、ちくま日本文学全集、一九九三・五、筑摩書房）、四六四ページ。

19――西村将洋「引き裂く言葉――昭和一〇年代と織田作之助『夫婦善哉』」（『同志社国文学』53、二〇〇〇・一二）。

20――ミハイル・バフチン『小説の言葉』（一九七五、ミハイル・バフチン著作集5、伊東一郎訳、一九七九・一、新時代社）、ジュリア・クリステヴァ『ポリローグ』（一九七七、足立和浩ほか訳、一九八六・五、白水社）、ジャック・デリダ「署名　出来事　コンテクスト」、『哲学の余白』下、一九七二、藤本一勇訳、二〇〇八・二、法政大学出版局）など。

21――浜野保樹『キューブリック・ミステリー――「2001年宇宙の旅」論』（一九九〇・四、福武書店）参照。

22――西河克己『「伊豆の踊子」物語』（一九九四・七、フィルムアート社）。

23――大久保清朗「作劇と情熱――水木洋子の『浮雲』脚色」（『表象』02、二〇〇八・三）。

24――『浮雲』にはたとえば次のような映画に関する言説がある。

①「取り澄ましてる女ぢやないか?」／富岡が吐き捨てるやうに云つた。［……］／「三宅邦子つて女優に似てゐないかね?」」／加野が云つた。

「そんなの知らないよ。若い女がこんな処まで来るのは厭だね」

（林芙美子『浮雲』第8章、『林芙美子全集』8、一九七七・四、文泉堂出版、一九一ページ）

②「［……］いまでも、私、よく覚えてゐるのよ。山田五十鈴位の美人だつたらもつと、あの旅はよかつただらうと思つたわ」

ゆき子は、妙な事を云つた。

（同、第26章、二七〇ページ）

③〔……〕締りのない寝顔が、浮気者らしく見えた。加野は三宅某女優に似てゐると云つた事があつたが、じいつと見てゐると、歌舞伎役者の家にでも生れた、不器量な娘のやうに、妙に間のびした顔でもある。

（同、第62章、四〇二ページ）

25――中村三春「〈無限の解釈過程〉から映像の虚構論へ――記号学と虚構」（『フィクションの機構2』、二〇一五・三、ひつじ書房）。

26――ロラン・バルト『第三の意味――映像と演劇と音楽と』（沢崎浩平訳、一九八四・一〇、みすず書房）。

27――「107『サロン蝶柳』の表蝶子が帰って来る。／はっと足をとめる。／『三勝半七』の浄瑠璃のレコードが聞えて来る。」（『夫婦善哉』、シナリオ作家協会編『日本シナリオ大系』3、一九七四・二、映人社、一六九ページ）。

28――「世界を作っている多くの材料――物質、エネルギー、波動、現象――は、世界と一緒に作られる。しかし、何から作られるのか。どう見ても無からではない。それは他の世界から作られる。世界制作はわれわれの知るかぎり、つねに手持ちの世界から出発する。制作《メイキング》とは作り直し《リメイキング》なのだ。」（ネルソン・グッドマン『世界制作の方法』、一九七八、菅野盾樹・中村雅之訳、一九八七・一〇、みすず書房、一一ページ、傍点原文）。

第二章《複数原作》と《遡及原作》――溝口健二監督『雨月物語』

1――なお、本映画のノヴェライゼーションとして、川口松太郎『雨月物語』（『川口松太郎集』現代国民文学全集15、一九五七・一二、角川書店、初刊『雨月物語』、一九五四・二、桃源社）がある。

2――佐藤忠男『溝口健二の世界』（二〇〇六・一一、平凡社ライブラリー、初刊一九八二）。以下、引用は同書二五一～二五六ページ。

3――モーパッサン「勲章」(『モーパッサン短編集』2、青柳瑞穂訳、新潮文庫、一九七一・一、新潮社)。短編集『ロンドリ姉妹』(一八八四)所収。

4――依田義賢『溝口健二の人と芸術』(一九九六・三、現代教養文庫、社会思想社、初刊一九七〇、田畑書店)。

5――佐藤忠男『溝口健二の世界』(前掲)、二五四ページ。

6――『剪燈新話』(飯塚朗訳、東洋文庫48、一九六五・八、平凡社)。また、後藤丹治「剪燈新話と雨月物語との関係」(『立命館大学人文科学研究所紀要』1、一九五三・七)も参照。

7――松田修・渡辺守邦・花田富二夫校注『伽婢子』(新日本古典文学大系75、二〇〇一・九、岩波書店)、一六六ページ。

8――森正人校注『今昔物語集』5(新日本古典文学大系37、一九九六・一、岩波書店)、一三六～一三七ページ。

9――鵜月洋『雨月物語評釈』(一九六五・三、角川書店)、二〇〇ページ。

10――高田衛「解説」(高田衛ほか校注『英草紙　西山物語　雨月物語　春雨物語』、新編日本古典文学全集78、一九九五・一一、小学館)、六〇四～六〇六ページ。

11――『警世通言』(『馮夢龍全集』、一九九三・三、江蘇古籍出版社)。

12――佐藤忠男『溝口健二の世界』(前掲)、二四九～二五〇ページ。

13――「砧」(横道萬里雄・表章校注『謡曲集』上、日本古典文学大系40、一九六〇・一二、岩波書店)、三三六～三三九ページ。

14――中村幸彦校注『雨月物語』(『上田秋成集』、日本古典文学大系56、一九五九・七、岩波書店)、六五～六六ページ。

15――「助監督の証言　田中徳三」（蓮實重彦・山根貞男編著『国際シンポジウム　溝口健二』、朝日選書822、二〇〇七・五、朝日出版社）。また、佐相勉・西田宣善編『[映画読本]溝口健二』（一九九七・九、フィルムアート社）も参照。

16――シナリオでは次のように書かれている。

74　窯の前

源市を傍に窯に向って差し木をする源十郎、手伝う阿浜。

宮木の声「いろいろな事がありましたね、悲しい事や、辛い事や、楽しい事が、あなたはやっとわたしの思うお方になって下さった。そう思ったら、わたしはもうこの世の人でなくなったのです。これが世の中というものでしょうねえ」

75　山村の風景

静かな山村にのどかな煙が立ち登っている。

（F・O）

――終――

（『雨月物語』、『依田義賢シナリオ集』一九七八・一一、映人社、一三五ページ）

第三章　古典の近代化の問題――溝口健二監督『近松物語』

1――佐藤忠男『溝口健二の世界』（二〇〇六・一一、平凡社ライブラリー、初刊一九八二）。

2――依田義賢『溝口健二の人と芸術』（一九九六・三、現代教養文庫、社会思想社、初刊一九七〇、田畑書店）、三〇四ページ。

3――依田義賢脚本「近松物語」（シナリオ作家協会編『日本シナリオ大系』3、一九七四・二、映人社）、二

八ページ。

4——堤精二校注『好色五人女』巻三「中段に見る暦屋物語」(『西鶴集』上、日本古典文学大系47、一九五七・一一、岩波書店)、二八〇ページ。

5——近松門左衛門『大経師昔暦』(重友毅校注『近松浄瑠璃集』上)、二四七ページ。

6——佐藤忠男『溝口健二の世界』(前掲)、二七六ページ。

7——「『兎角《とかく》世にながらへる程つれなき事こそまされ、此湖に身をなげてながく仏国《ほとけくに》のかたらひ』といひければ、茂右衛門も、『惜からぬ命ながら、死《しん》でのさきはしらず。おもひつけたる事こそあれ。二人都への書置残し、入水《にうすい》せしといはせて此所《(この)》を立のき、いかなる国里にも行て、年月を送らん』といへば、おさんよろこび、『我も宿を出《(いで)》しより其心掛あり』と、[……]」(『好色五人女』巻三「中段に見る暦屋物語」、二七二ページ)。

8——佐藤忠男『溝口健二の世界』(前掲)、二七九~二八〇ページ。

9——『大経師昔暦』(前掲)、二五一ページ。

10——依田義賢脚本「近松物語」(前掲)、三四ページ。

11——『好色五人女』(前掲)の堤精二による注などによる。

12——『近松浄瑠璃集』上(前掲)の重友毅による注などによる。

13——佐藤忠男『溝口健二の世界』(前掲)、二七七ページ。

14——同右、三七六~三七七ページ。

15——木下千花『溝口健二論　映画の美学と政治学』(前掲)は、「ここで展開されるのは『西欧的なラブ・ロマンス』というよりは性愛である。なぜなら、まず、おさん茂兵衛の関係はこの映画において彼女の足をめぐる主題系に結晶していたからだ」と述べ、山の場面について詳細なショット分析を行っている

（五七〇〜五七四ページ）。

16——依田義賢脚本「近松物語」（前掲）、二五ページ。

17——中村三春『新編　言葉の意志　有島武郎と芸術史的転回』（二〇一一・二、ひつじ書房）参照。

18——中村三春「パラドクシカル・デカダンス——太宰治『父』『桜桃』」（『物語の論理学——近代文芸論集』、二〇一四・二、翰林書房）参照。

19——〈荒唐無稽〉については、中村三春「蓮實重彥キーワード集」（『國文學　解釈と教材の研究』一九九三・七）参照。なお、蓮實には「翳りゆく時間のなかで——溝口健二『近松物語』論」（『季刊リュミエール』4、一九八六・六）がある。

第四章　〈原作〉には刺がある——木下恵介監督『楢山節考』など

1——中村三春「フィクションの理論」（『フィクションの機構』、一九九四・五、ひつじ書房）参照。

2——蓮實重彥「映画と文学」（前掲）、七三ページ。

3——高峰秀子『わたしの渡世日記』上下（一九七六・二、五、朝日新聞社、一九九八・三、文春文庫）。

4——佐藤忠男『木下恵介の映画』（一九八四・一二、芳賀書店）。なお、引用したもののほか、深沢関係では、石崎等編『井伏鱒二・深沢七郎』（日本文学研究資料叢書、一九七七・一一、有精堂出版）、折原脩三『深沢七郎論』（一九八八・二、田畑書店）、木下関係では、三國隆三『木下恵介伝——日本中を泣かせた映画監督』（一九九九・四、展望社）、石原郁子『異才の人　木下恵介』（一九九九・五、パンドラ）、挾本佳代「二つの『楢山節考』——木下恵介の『様式の美』、今村昌平の『リアリティの醜』」（宮脇俊文編『映画は文学をあきらめない——ひとつの物語からもうひとつの物語へ』、二〇一七・三、水曜社）なども参照した。

5――木下恵介『楢山節考』（シナリオ作家協会編『年鑑代表シナリオ集』、一九五八年版、三笠書房）、四七ページ。

6――長部日出雄『天才監督木下恵介』（二〇〇五・一〇、新潮社）。

7――佐藤忠男『木下恵介の映画』（前掲）。

8――寺田透・花田清輝・平野謙「創作合評『笛吹川』」（『群像』一九五八・六）において、花田の肯定的評価と平野の否定的評価とが対立し、以後、江藤淳や本多秋五を巻き込んで論争が行われた。なお、深沢七郎『笛吹川』（『深沢七郎集』3、一九九七・四、筑摩書房）参照。

9――深沢七郎「『楢山節考』の映画」（『キネマ旬報』一九五八・六上旬、『深沢七郎集』8、一九九七・九、筑摩書房）。

10――深沢七郎・木下恵介対談「楢山を越えて」（『中央公論』一九五八・六、深沢七郎『対談集　盲滅法』、一九七一・一一、創樹社）、一七九ページ。

11――おりんの「歯」についての記述は次の通りである。

①深沢の原作（深沢七郎『楢山節考』、『深沢七郎集』1、一九九七・二、筑摩書房、一五三～一五五ページ）

村の人はおりんに向って

「その歯じゃァ、どんなものでも困らんなあ、松っかさでも屁っぴり豆でも、あますものはねえら」

これは冗談で云うのではないのである。確かに馬鹿にして云っているのである。〔……〕年をとってから、しかも楢山まいりに行くような年になってもこんなに歯が達者では馬鹿にされても仕方がないと思っていた。

孫のけさ吉なども

「おばあの歯は三十三本あるら」
と云ってからかうのである。孫までかまいづらで云うのである。おりんは指でさわって歯の数を勘定しても上下で二十八本しかないのである。
「バカこけえ、二十八ぽんしかねえぞ」
と云いかえしても
「へえー、二十八より先の勘定は出来んずら、まっとあるら」
と憎まれ口をきくのである。[……]
おりんはこの村に嫁に来て、村一番の良い器量の女だと云われ、亭主が死んでからもほかの後家のように嫌なうわさも立てられなく、人にとやかく云われたこともなかったのに、歯のことなんぞで恥ずかしいめにあうとは思わなかった。楢山まいりに行くまでには、この歯だけは何んとかして欠けてくれなければ困ると思うのであった。楢山まいりに行くときは辰平のしょう背板に乗って、歯も欠けたきれいな年寄りになって行きたかった。それで、こっそりと歯の欠けるように火打ち石で叩いてこわそうとしていたのである。
②木下の脚本（木下恵介『楢山節考』、前掲、四八～五一ページ）
3　おりんの家
[……]
けさ吉「屁っぴり豆なんか食えるかい。おう、そうじゃ、雨屋の親父が言うとった。おまんとこのおばあの歯は、どんなもんでも困らんなあ、松笠でも、屁っぴり豆でも、余す物はねえらだって」
おりん「バカコケ」
けさ吉「おばあの歯は三十三本あるからなあ」

おりん「二十八本しかねえぞ」
けさ吉「へえ、二十八本より先の数は出来んずら、まっとあるだ」
おりんは手元の物を投げつけて「けさ吉！」と摑みかかって行く。
［……］
18 納 屋
おりん入ってきて、石臼の前に坐る。

竹〳〵嫁に来たときゃ、村一番の器量よし、亭主に死なれたその後も、いやな噂もたてられず、指をさされたこともなし、ええ、歯のことなんぞで今更に、食い意地はったババーじゃと、恥かいては山へも行けぬ。

思い切って臼の角に歯をぶつける。

12――深沢七郎「小説と映画」（『海燕』一九八三・一〇、前掲『深沢七郎集』8）、二三三～二三六ページ。
13――吉村英夫『木下恵介の世界』（一九八五・五、シネ・フロント社）、一七八～一七七ページ。
14――平岡正明「楢山節考から三十五年後」（『ユリイカ』一九八八・一〇）。
15――工藤茂『姨捨の系譜』（二〇〇五・二、おうふう）、一〇ページ。
16――「その一つの好い例として、ちやうど第四種の親棄山、是も我邦に古くからあつたもう一つの話を紹介して見よう。それが又私の最初からの目的でもあつたのである。その第四の昔話といふのは、前の三つのどれよりも、簡単で又古風であつた。［……］その母が子の背に負はれて居て、路々左右の樹の小枝を折つて行く。又は草を円めて棄てゝ行つたとも、或は罌粟の種子を少しづゝ播いたともいふ処がある。どうして其様なことをなさるかと息子が尋ねると、おまへが還つて行くのに道に迷はぬやうに、栞をして置いてやるのだと答へたので、親の慈愛に深く感動してしまつて、何が何であらうとも、この親を山

には残して置けないと、再びその場から連れて戻つて以前にもまさる孝行をしたといふ、至つて短い話だつたやうである。」（柳田國男「親棄山」、初出『少女の友』一九四五・二〜三、『村と学童』所収、一九四五・九、朝日新聞社、『定本柳田國男集』新装版21、一九七〇・二、筑摩書房、三〇三〜三〇四ページ）。

17――関敬吾『日本昔話大成』11「資料篇」（一九八〇・九、角川書店）。

18――工藤茂『姨捨の系譜』（前掲）。

19――虚構の民謡とその解釈の例としては次の箇所が挙げられる。

「おりんの家は村のはずれにあったので裏山へ行く人の通り道のようになっていた。もう一と月もたてば楢山祭りであった。歌が一つ出ると次から次へと唄い出されて、おりんの耳にきこえてきた。

塩屋のおとりさん運がよい
山へ行く日にゃ雪が降る

村では山へ行くという言葉に二つの全く違った意味があるのであった。どちらも同じ発音で同じアクセントだが、誰でもどの方の意味だかを知りわけることが出来るのである。仕事で山へ登って薪とりや炭焼きなどに行くことが山へ行くのであって、もう一つの意味は楢山へ行くという意味なのである。楢山へ行く日に雪が降ればその人は運がよい人であると云い伝えられていた。塩屋にはおとりさんという人はいないのであるが、何代か前には実在した人であって、その人が山へ行く日に雪が降ったということは運がよい人であるという代表人物で、歌になって伝えられているのである。」（深沢七郎『楢山節考』、前掲、一五二ページ）。

20――『笛吹川』についても、武田信玄の事績が参照されてはいるが、「ギッチョン籠」にまつわる具体的な出来事などは虚構である。

21――相馬庸郎『深沢七郎　この面妖なる魅力』（二〇〇〇・一一、勉誠出版）、二一ページ。

22――『笛吹川』シナリオより

1　戦　場

朝靄の中に累々と横たわる死屍。／遠く、ときの声、攻め太鼓の音。／その後に不気味な静寂が来る。／物悲しい鈴の音、白髪の老女が右手に鈴を鳴らし、歌いながらさまよってくる。

詞

あな浅ましき修羅の道／五慾に迷う世のさまは／うつし世ならぬ地獄なり／あな浅ましき限りなる

2　戦闘場面

秋草をけって、福島勢と武田勢の激戦。［……］

（木下恵介『笛吹川』、シナリオ作家協会編『年鑑代表シナリオ集』一九六〇年版、三笠書房、一五二ページ）

23――深沢七郎「小説と映画」（前掲）。

Ⅱ　展開される〈原作〉

第五章　意想外なものの権利――今井正監督の文芸映画『山びこ学校』と『夜の鼓』

1――紅野謙介「文学が映画になるとき――『文芸映画』の一九五〇年代」（『文学』14―6、二〇一三・一一）。

2――今井正の事績については、映画の本工房ありす編『今井正「全仕事」――スクリーンのある人生』（一九九〇・一〇、ACT）、今井正監督を語り継ぐ会編『今井正映画読本』（二〇一二・五、論創社）などによる。

3――今井正監督の主な映画作品（戦後～一九六〇年代）

年	タイトル	製作社	脚本	原作	摘要
46	『民衆の敵』	東宝	八住利雄 山形雄策		キネ旬6位
49	『青い山脈』前後編	藤本プロ・東宝	今井正 井出俊郎	石坂洋次郎	キネ旬2位
50	『また逢う日まで』	東宝	水木洋子 八住利雄	ロマン・ロラン『ピエールとリュース』	キネ旬1位、毎日映画コンクール日本映画賞、ブルーリボン賞作品・監督賞
51	『どっこい生きてる』	新星映画・前進座	岩佐氏寿 平田兼三 今井正		キネ旬5位、毎日映画コンクール美術賞
52	『山びこ学校』	八木プロ・日教組	八木保太郎	無着成恭（編）	キネ旬8位
53	『ひめゆりの塔』	東映	水木洋子		キネ旬7位、ブルーリボン賞監督賞
53	『にごりえ』	文学座・新世紀映画社	水木洋子	樋口一葉『十三夜』『大つごもり』『にごりえ』	キネ旬1位、毎日映画コンクール日本映画・監督賞、ブルーリボン賞作品・監督賞
55	『ここに泉あり』	中央映画	水木洋子		キネ旬5位、毎日映画コンクール音楽賞
56	『真昼の暗黒』	現代ぷろだくしょん	橋本忍	正木ひろし『裁判官』	キネ旬1位、カルロヴィ・ヴァリ国際映画祭貢献賞、毎日映画コンクール日本映画・監督・脚本賞、ブルーリボン賞作品・監督・脚本賞
57	『米』	東映	八木保太郎		キネ旬1位、毎日映画コンクール日本映画・監督賞、ブルーリボン賞作品・監督賞
57	『純愛物語』	東映	水木洋子		キネ旬2位、ベルリン国際映画祭・監督賞、ブルーリボン賞監督賞
58	『夜の鼓』	現代ぷろだくしょん	橋本忍 新藤兼人	近松門左衛門『堀川波鼓』	キネ旬6位

59	『キクとイサム』	大東映画	水木洋子		キネ旬1位、毎日映画コンクール日本映画・監督賞、ブルーリボン賞作品・監督賞
61	『あれが港の灯だ』	東映	水木洋子		キネ旬7位
63	『武士道残酷物語』	東映京都	鈴木尚之 依田義賢	南條範夫	キネ旬5位、ベルリン国際映画祭・金熊賞
64	『越後つついし親不知』	東映	八木保太郎	水上勉	キネ旬6位、毎日映画コンクール脚本賞
64	『仇討』	東映京都	橋本忍		キネ旬9位
67	『砂糖菓子が崩れるとき』	大映	橋田壽賀子	曾野綾子	
68	『不信のとき』	大映	井出俊郎	有吉佐和子	
69	『橋のない川』第一部	ほるぷ映画	八木保太郎 今井正	住井すゑ	キネ旬5位、モスクワ国際映画祭・ソ連映画人同盟賞
70	『橋のない川』第二部	ほるぷ映画	佐治乾	住井すゑ	キネ旬9位

4――山本喜久男「『どっこい生きてる』と『自転車泥棒』――戦後の革新的西欧映画と日本映画との一つの出会い」(『日本映画におけるテクスト連関――比較映画史研究』、二〇一六・四、森話社)参照。

5――中村三春「今井正――『また逢う日まで』のメロドラマ原理」(前掲『フィクションの機構2』)。

6――今井正「独立プロで」(「自作を語る」、『赤旗』日曜版一九八九・九・二～一一・四、『今井正の映画人生』、一九九二・五、新日本出版社)、五七ページ。

7――碓井みちこ「接吻映画の勧め――占領下での模索」(岩本憲児編『占領下の映画――解放と検閲』日本映画史叢書11、二〇〇九・一、森話社)など。

8――山本喜久男「『また逢う日まで』と『ピエールとリュース』――二作品の窓ガラス越しのキス・シーンの差異の意味」(前掲『日本映画におけるテクスト連関』)、および中村三春『フィクションの機構2』

（前掲）参照。

9――『青い山脈』の原作と映画における爆弾と花火の場面

①（原作）

「ちょっと待って下さい。このごろよく聞く言葉ですが、夫婦間の尊敬とは、具体的にいってどういうことですか？［……］」

「それらもそうでしょうね。でも私のいうのは、妻の人格を認めてもらいたいということですわ。［……］少し極端ないい方をすれば、夫に爆弾を抱えたような気持で、自分の妻に対して、しじゅう細かい心遣いと注意を払うようにしてもらいたいのです」

「なるほど。そういわれれば貴女のいおうとする気持が分るような気がします。――しかし、爆弾ですか？」

（石坂洋次郎『青い山脈』、『朝日新聞』一九四七・六・九～一〇・四。引用は新潮文庫版、一九六八・一改版、二八五ページ）

②（脚本）

85　沼田医院二階

［……］

雪子「だってやはりまず妻の人格を認めてもらいたいと思いますわ。少し極端な云い方をすれば、夫は自分の妻に対して爆弾をかかえたような気持で〔ているように〕しじゅう細かい心遣いをしてほしいのです〔と思います〕」

沼田「爆弾？……なるほどしかし〔すると〕あなたは〔原子〕爆弾ですか〔な〕？」

〔雪子「まあ……（笑）」〕

86　空（夜）
　夜空にパッと花火があがる。
（今井正・井出俊郎『青い山脈』、シナリオ作家協会編『日本シナリオ大系』2、一九七三・一二、映人社、一八一ページ。〔　〕内は引用者が補った映画からの聴き取り。傍線部は該当箇所）
10――関礼子「樋口一葉原作・今井正監督『にごりえ』の受容空間――映画と文学の相互交渉」（『女性表象の近代　文学・記憶・視覚像』、二〇一一・五、翰林書房）。
11――同右、四二三ページ。
12――久野収・鶴見俊輔「日本のプラグマティズム――生活綴り方運動」（『現代日本の思想――その五つの渦』、一九五六・一一、岩波新書）、九四〜九五ページ。執筆は鶴見。
13――佐野眞一『遠い「山びこ」――無着成恭と教え子たちの四十年』（一九九二・九、文藝春秋、二〇〇五・五、新潮文庫）。
14――川村湊「教室の忘れ物――戦後の『生活綴り方』の展開」（『作文のなかの大日本帝国』、二〇〇〇・二、岩波書店）。
15――佐藤泉「五〇年代ドキュメンタリー運動――生活を綴る」（『昭和文学研究』44、二〇〇二・三）。
16――中谷いずみ「『私』を綴る『ひとびと』――一九五〇年代における『生活綴方運動』をめぐって」（『日本近代文学』74、二〇〇六・五）。
17――榊原理智「『山びこ学校』というユートピア――一九五〇年前後における〈書く主体〉の創出」（『日本文学』二〇〇七・一一）。
18――同右。
19――佐藤忠男『日本映画史』2（一九九五・四、岩波書店）、二四五ページ。

20――佐野眞一『遠い「山びこ」』（前掲、新潮文庫版）、二四四～二四六ページ。

21――『山びこ学校』の原作から映画シナリオへの取り入れ（一部）

＊シナリオ……八木保太郎「山びこ学校」（日本シナリオ文学全集11『八木保太郎・山形雄策集』、一九五六・六、理論社）

＊原作……無着成恭編『山びこ学校』（一九九五・七、岩波文庫）

シナリオ	原作
12　狸森〔むじなもり〕 子供の三輪車は二人の前でとまった。二人は珍しそうに三輪車にみとれた。 「たいしたもんだな――どれ」 無着は自転車から降り、三輪車に手を掛けて見廻した。 「貞義、これ作って、西部の連合展覧会に出してみろや」	三輪車　川合貞義 無着先生も立ちどまって、「えや《（おやおや）》たいしたもんだね。吉郎、その輪、いったいなにや。」ときいたら、「杉だ。」と答えた。〔……〕先生は、「どれ。」といって、吉郎さんから三輪車をかりて見ていたが、「ふうーん。」と感心したようにうなって、「吉郎、西部の展らん会さ、かえず《（これを）》出して見ろや《（よ）》え！」といった。 （一〇一ページ）
17　職員室 「ワラビを採って売った金が四千五百円貯金してありますから、今度みんなで杉皮運びをすれば八人の費用はできるんです」 「すると、八人にその金を貸すのかね。寄付するのかね」〔……〕	杉皮背負い　江口サメ 義憲から計算してもらって、四千五百円あるといいことがわかり、みんな作業してとることにきまったのだった。作業はいろいろさがしたら、森林組合で杉皮背負いがあるというので、「なんぼだ、」て《（と）》みんな聞いたら、一本二十円など二十五円など合せて二百本位あるというのだった。それで、みんなそれを背負うことにきめた。 （九六ページ）

51　山形城趾入口の跨線橋の上 トミ子「だけんどよ、おらだが読みたい『赤とんぼ』だの『少女の広場』だの、みんなつぶれたんだ。なしてためになる雑誌つぶれるんだ」	病院ぐらし　上野キクエ また、町の本屋などをのぞいてみても、そういう雑誌が多くて、私たちの学級でとっている『少年少女の広場』とか『少年文章』などという雑誌はほとんど見当たりません。（五四ページ）
73　診療所 おヒカリ様のおばさんが、恭々しい身振りで寝ている江一の母にお祈りをあげている。無着が来て、それを見て眼を丸くする。	おひかり様　長橋カツエ　前田秋子 今日、おひかり様のことがもんだいになりました。おひかり様がいま村にはやっていることがもんだいになりました。（一一九ページ）
78　沢泉寺の本堂（夜） 無着がよむ。 「うさぎ、平田光男――うさぎ、うさぎをころすとき、こがたなでこつんとひとつくらすけると、きいきいとなきました。それからそしてうさぎのけつっ（ママ）から、こがたなをさしました。それから、そりそり――むきました」	うさぎ　平吹光雄 うさぎをころすとき こがたなで　こつんと一つくらすけると（なぐりつけると） 「きい　きい」となきました そして うさぎのけっつ（しり）から こがたなをさしました それから そりそりとむきました （九一ページ）
83　教室 江一「僕のうちは三反の畑しかありません。〔……〕ばんちゃんと僕とで喰う米の量は一カ月一斗五升として九百三十円必要です。〔……〕」	母の死とその後　江口江一 なぜなら私の家では三段歩の畑に植える葉煙草の収入しかないのだから、〔……〕二人して食う米の量は、一カ月一斗五升としても九百三十円必要です。（三一～三二ページ）
93　教室 「その次の日、忘れもしない十一月十三日の夜があけないうちです。〔……〕今考えてみると、お母さんは心の底から笑ったときというのは、　回もなかったのではないかと思います。〔……〕」	母の死とその後　江口江一 その次の日、忘れもしない十一月十三日の夜があけないうちです。〔……〕今考えてみると、お母さんは心の底から笑ったときというのは、一回もなかったのではないかと思います。 〔……〕（二四～二五ページ）

102　山村の風景
それに次の詩がダブル。
「雪がコンコン降る
人間は
その下で暮しているのです　敏雄」

雪　石井敏雄
雪がコンコン降る。
人間は
その下で暮しているのです。
（二一ページ）

22――中村三春「こどもに声はあるか　『一房の葡萄』」（『新編　言葉の意志　有島武郎と芸術史的転回』、二〇一一・二、ひつじ書房）参照。

23――児玉竜一「人形浄瑠璃と映画――語り物の映像化」（神山彰・児玉竜一編『映画のなかの古典芸能』、日本映画史叢書13、二〇一〇・九、森話社）。

24――今井正「初めて時代劇と取り組む」（『芸術新潮』一九五八・二、前掲『今井正「全仕事」』所収）、八七～八九ページ。

25――近松門左衛門『堀川波鼓』の成立と関係作品
・宝永三（一七〇六）年五・六月にあった出来事に取材
・宝永四（一七〇七）年二月一五日より上演（作者五十五歳）
（重友毅校注『近松浄瑠璃集』上、前掲、三八ページによる）
①引喩　謡曲「松風」（「観阿弥作曲の原作を、世阿弥が改修したものと考えられる」）
（横道萬里雄・表章校注『謡曲集』上、日本古典文学大系40、一九六〇・一二、岩波書店、五七ページ）

②改作　宇治加賀掾『堀江川波鼓』（古浄瑠璃正本集刊行会編『古浄瑠璃正本集加賀掾編』第五、一九九三・二、大学堂書店）

③復活上演　NHK（一九六四、上・中之巻）、国立劇場（一九八三、下之巻）

（小山一成「『堀川波鼓』小考」、『立正大学文学部論叢』101、一九九五・三による）

④実説　本島知辰《もとじまちしん》『月堂見聞集』（元禄元・一六八八〜享保一九・一七三四）巻之二「○因州鳥取住人妻敵打事《めがたきうちのこと》」（『近世風俗見聞集』一、一九一二・八、国書刊行会など）、朝日定右衛門重章（尾張藩畳奉行）日記『鸚鵡籠中記』（貞享元・一六八四〜享保二・一七一七）巻之十六「○今月初比、京堀川辺にて女の敵打あり」（『校訂復刻名古屋叢書続編』11、一九八三・一一、愛知県郷土資料刊行会など）

⑤浮世草子　森本東烏『京縫鎖帷子』（宝永三・一七〇六、『徳川文芸類聚』1、一九一四・四、国書刊行会）、錦文流『熊谷女編笠』（宝永三・一七〇六、長友千代治編『近世文芸資料20―22　錦文流全集』、一九八八・九、古典文庫）

（諏訪春雄『近松世話浄瑠璃の研究』〔一九七四・四、笠間書院〕に実説および浮世草子との比較研究がある）

⑥現代劇　北条秀司『波の鼓』（一九五四・一〇、歌舞伎座初演、『北条秀司戯曲全集1　王将』、一九六三・五、青蛙房）、田中澄江『つづみの女』（一九五八・二、俳優座初演、『新劇』一九五八・三、『田中澄江戯曲全集』1、一九五九・八、白水社）

26――諏訪春雄『近松世話浄瑠璃の研究』（前掲）など。

27――『今井止「全仕事」』（前掲）、三三〇ページ。

28――原作は重友毅校注『近松浄瑠璃集』上（前掲）により、脚本は橋本忍「姦通」（『キネマ旬報』187、一九

五七・一〇）による。ちなみに、原題の「姦通」は映倫による「社会の良風美俗をみだすおそれあり」との注意によって、現行の題名に改められた。

29――志賀皎「『姦通』への疑問」（『映画批評』一九五八・一）。

30――網野菊「封建制度下の悲劇」（『キネマ旬報』203、一九五八・五）。

31――岩崎昶「『夜の鼓』の構成」（前掲『キネマ旬報』203）。

32――同右。

33――郡司正勝「リアリズムの誤算――『夜の鼓』について」（『映画評論』一九五八・六、『郡司正勝劇評集』、一九九五・一、演劇出版社）、四七七ページ。

34――ちなみに、実際は、映画『羅生門』は、多襄丸・真砂・武弘の供述のほか、原作では脇役である杣売（志村喬）のシークェンスを、最終的真実らしきものとして付け加えている。本書第一章「〈原作〉の記号学――『羅生門』『浮雲』『夫婦善哉』など」参照。

35――山際永三（高倉光夫）「今井正論」（『映画批評』一九五八・六、前掲『今井正映画読本』所収）。

36――郡司正勝「リアリズムの誤算」（前掲）、四八〇ページ。

37――同右、四七九ページ。

38――同右、四八〇ページ。

39――山本健吉「原作と映画の間の」（前掲『キネマ旬報』203）。

40――本書第三章「古典の近代化の問題――溝口健二監督『近松物語』」参照。

41――本書第七章「擬古典化《アルカイスム》と前衛性――篠田正浩監督『心中天網島』」参照。

42――ヴィクトル・シクロフスキー『散文の理論』（一九二五、水野忠夫訳、一九七一・六、せりか書房）。

43――蓮實重彥『表層批評宣言』（一九七九・一一、筑摩書房）。

第六章　反転する〈リアリズム〉――豊田四郎監督『或る女』

1――飯田心美「或る女」(『映画評論』一九五四・五)。

2――佐藤忠男『日本映画史』2(一九九五・四、岩波書店)、二七〇~二七三ページ。

3――八住利雄「或る女――有島武郎作より」(『シナリオ』一九五四・一、泉書房)。

4――大黒東洋士「『或る女』の豊田四郎と語る――大映多摩川のセットを訪ねて」(『キネマ旬報』84、一九五四・二下)。

5――以後、モデル関係者の概要は、有島武郎研究会編『有島武郎事典』(二〇一〇・一二、勉誠出版)の各項目記述による。

6――有島武郎「書後(『或女(後編)』跋)」(『有島武郎著作集』9、一九一九・六、叢文閣、『有島武郎全集』7、一九八〇・四、筑摩書房)、三九一ページ。

7――飯田心美「或る女」(前掲)。

8――映画『或る女』のシークェンス構成は概略、次の通りである。これは見取り図であり、番号と区切りはいずれも便宜的なものに過ぎない。

①字幕「明治三十年代のはじめ――」人力車に乗る葉子~本郷・木部の下宿で三三九度

②日本橋・釘店の早月家　親佐と内田

③鎌倉の木部の家　葉子と木部の夫婦生活

④早月家　親佐と五十川女史に、葉子「子供が出来た」と告げ、親佐倒れる

＊

⑤親佐の遺影　ナレーション「それから三年　母の死によって扇の要を失った早月家は、親族たちによってかき回されて、昔日の面影をとどめなかったが、葉子の生活は華やかに奔放に送られた」~親族

会議　愛子
⑥内田の教会　葉子（洋装）、内田と妻・房枝
⑦乳母とめの家　葉子は車屋に手紙と金を届けさせる

＊

⑧船中の葉子　倉地・岡との出会い
⑨葉子、倉地を追って水夫部屋へ、水夫に襲われそうになり、倉地に救われて自分の船室に
⑩葉子、倉地の船室を訪れ、倉地に抱かれる
⑪シアトル入港、仮病を使って木村を追い返す

＊

⑫葉子と倉地の芝の家　『報正新報』の醜聞記事
⑬とめの家　定子との再会
⑭芝の家　叔母との対決〜倉地との抱擁
⑮芝の家の庭（大晦日）　葉子と倉地〜五十川女史（愛子の放校）倉地と鉢合わせ
⑯芝の家　木村への手紙〜酔って帰った倉地、愛子の寝顔
⑰倉地の下宿　水のようにウィスキーを飲む倉地「云わば俺は売国奴だ」
⑱積もった雪の朝　倉地の下宿から帰る葉子〜家では岡が愛子と仲良くし、倉地と愛子への仲へも嫉妬する葉子
⑲鎌倉・滑川「断橋」のシークェンス

＊

⑳芝の家　正木・興録、葉子に金をせびりに来る

㉑倉地の下宿で女の痕跡を探す葉子、倉地の妻子の写真を見つける
㉒芝の家で愛子が岡と対話　帰宅した葉子、愛子に批判され、半狂乱となって倒れる
㉓嵐の晩、臥床する葉子　変装した倉地に続いて、刑事が捜索に
㉔乳母とめの家　葉子から金が届く〜雛飾り
㉕結末、病院で手術を受ける葉子　廊下で待つ愛子と岡

9――飯田心美「或る女」（前掲）。

10――中島礼子「『或る女』における木部の形象化――とくに、独歩の小説との視点から」（『国木田独歩の研究』、二〇〇九・七、おうふう）、および「『或る女』前史としての独歩における女性表象――『おとづれ』『第三者』『鎌倉夫人』と『或る女のグリンプス』をめぐって」（同）。

11――江頭太助「『断橋』の構造」（『有島武郎の研究』、一九九二・六、朝文社）、三〇一〜三〇二ページ。

12――『或る女』第三十七章（①）、「断橋」（②）、『或る女』シナリオ（③）の該当箇所は次の通りである（傍線引用者）。

①「あなたの事は大抵噂さや新聞で知つてゐましたよ……人間てものはをかしなもんですね。……私はあれから落伍者です。何をして見ても成り立つた事はありません。妻も子供も里に返してしまつて今は一人でこゝに放浪してゐます。毎日釣をやつてね……あゝやつて水の流れを見てゐると、それでも晩飯の酒の肴位なものは釣れて来ますよハヽヽヽヽ」［……］
「あなたは本当に今何をなさつて入らつしやいますの」
と葉子は少し木部に近よつて尋ねた。木部は近寄られたゞけ葉子から遠退いて又虚ろに笑つた。
「何をするもんですか。人間に何が出来るもんですか。……もう春も末になりましたね」［……］
倉地は波打際近くまで来ても渡れさうもないので遠くからこつちに振向いて、むづかしい顔をして立

つてゐた。

（有島武郎『或る女』、『有島武郎全集』4、一九七九・一一、筑摩書房、三四五〜三四六ページ）

②木部――［……］私はあれから落武者です。事業も企てゝ見ました。議員の候補にも立ちました。文壇にも乗り出しました。……然し僕の夢はさめ切つてゐるのだから、何をしても成り立ちやうがありません。何をしたつて駄目ですよ。……今は釣りをしてゐます。半日ぢつとしてあすこに坐つてゐると、よく〳〵馬鹿な小魚が二三尾は引かゝつて来ますよ。

葉子――けれどもそれはあんまり捨て鉢な……あなたはなさらうとさへなされば、何んでもお出来になる癖に。

木部――出来るもんですか……人間に何が出来るもんですか……やがて秋も暮れてゆきますね。

木部――［……］……倉地さん、ステッキはおありでしたか。

倉地出場。

倉地――はあ、ありました。どうかな、お話といふのは片付きましたか。

木部――片付き過ぎて困つてゐたところです。それでは葉子さんをたしかにお返しします。

葉子――まるで品物かなんぞのやうですのねえ。

三人笑ふ。

（有島武郎「断橋」、『泉』、一九二三・三、『有島武郎全集』5、一九八〇・一二、筑摩書房、四四八〜四四九ページ）

③葉子「……今、何をしてらつしやるの？」

木部「落武者ですよ。もう、僕は……夢はさめきつてるんだから、何をしたつて駄目ですよ……人間に何が出来るもんですか、突き当りは真つ暗ですよ……空つぽだ……」［……］

木部「（静かに）倉地さんが帰つて来ましたよ」
　倉地がゆつくり引返して来る。
木部「どうもすみませんでした……葉子さんをたしかにお返しします」
葉子「（口惜しそうに）まあ、まるで品物みたいに……」
　倉地が大きな声で笑う。
（八住利雄「或る女――有島武郎作より」前掲、シナリオ）

13――斎藤聖二『北清事変と日本軍』（二〇〇六・五、芙蓉書房出版）。

14――西垣勤「『或る女』論」（『白樺派作家論』、一九八一・四、有精堂出版）、山田昭夫「或る女」（『有島武郎』、鑑賞日本現代文学10、一九八三・七、角川書店）、中村三春「〈考証〉『或る女』はいつ始まるか」（前掲『新編　言葉の意志　有島武郎と芸術史的転回』）。中村によれば、『或る女』は明治三十四年「九月二十一日を含めてそれ以前数日」から、翌年「七月二十五日」または「二十六日」までの物語である。

15――平野謙「女房的文学論」（『文芸』一九四七・四、『戦後文芸評論』、一九四八・七、真善美社、『平野謙全集』1、一九六五・一、新潮社）。

16――同右、二三二ページ。

17――中山和子「『戦後』批評のジェンダー」（『文芸研究』77、一九九七・三、明治大学、『中山和子コレクション3　平野謙と『戦後』批評』、二〇〇五・五、翰林書房）。

18――藪禎子「『女房的文学論』私見」（『日本文学』一九九二・一一）。

19――中村三春「コケットリーの運命　『或る女』」（前掲『新編　言葉の意志　有島武郎と芸術史的転回』）。

20――佐藤忠男『日本映画史』2（前掲）。

21――中村三春「反啓蒙の弁証法　『宣言一つ』および小林多喜二『党生活者』と表象の可能性」（前掲『新編　言葉の意志　有島武郎と芸術史的転回』）。

22——この言葉は横光自身の長編小説『花花』（一九三三・一〇、文体社）に関する自作解説の要素を含む書簡体評論「書翰」（『文芸』一九三三・一二）の中に見える。

第七章　擬古典化《アルカイスム》と前衛性——篠田正浩監督『心中天網島』

1——ドナルド・リチー「篠田正浩の〝心中天網島〟」（青井陽治、ダン・ケニー訳、『アートシアター』68、一九六九・五、原文横組）。

2——インタビュー「篠田正浩・自伝と自作を語る」（インタビュアー・林玉樹、『世界の映画作家』10、一九七一・五、キネマ旬報社）、一〇〇・一〇一ページ。

3——重友毅校注『近松浄瑠璃集』上（前掲）、三五六ページ。以下、原作本文はこれによる。

4——祐田善雄によれば、この年の秋にあった大長寺の情死事件のすぐ翌日に作られたという逸話が神沢貞幹の『翁草』にある（『全講心中天の網島』、一九七五・二、至文堂、九ページ）。また、近松が本作を自らの『心中重井筒』（宝永四・一七〇七）や紀海音『梅田心中』（享保二・一七一七）などを下敷きに形成したことも明らかにされている（重友毅『近松の研究』、『重友毅著作集』3、一九七二・四、文理書院、三〇五ページなど）。

5——祐田義雄『全講心中天の網島』（前掲）、同ページ。

6——改作については祐田義雄『全講心中天の網島』（前掲）、および諏訪春雄「心中天の網島」（『近世芸能史論』、笠間叢書189、一九八五・一〇、笠間書院）などを参照。また、人形浄瑠璃に関する基本的事項は、藤田洋編『文楽ハンドブック』（第三版、二〇一一・二、三省堂）ほか、言及した研究書による。

7——豊竹咲大夫『心中天網島考』（二〇一三・四、講談社）、三〇～三一ページ。

8——篠田正浩『河原者ノススメ　死穢と修羅の記憶』（二〇〇九・一一、幻戯書房）、二六一ページ。

9——篠田正浩『日本語の語法で撮りたい』(NHKブックス739、一九九五・七)、一五七ページ。
10——シナリオ「心中天網島」(前掲『アートシアター』68)。
11——篠田正浩「近松、その即物性と呪術性」(『日本古典』29、一九七五・一〇、『闇の中の安息』、一九七九・一一、フィルムアート社)、二二六ページ。
12——篠田正浩「心中天網島考——虚実皮膜論の現代的意義」(『早稲田キャンパス』一九六九・五・一〇、『心中天網島』、一九七〇・一、仮面社)、一九九〜二〇〇ページ。
13——篠田正浩「黒子の発想」(『シナリオ』一九六九・九、前掲『心中天網島』)、二二四〜二二六ページ。
14——久保覚・関根弘・広末保「鼎談　既成ジャンルからの脱出——『心中天網島』『中国女』をめぐって」(『新日本文学』一九六九・七)。
15——これも藤田洋編『歌舞伎ハンドブック』(第三版、二〇〇六・一一、三省堂)ほか、言及した研究書によるる。
16——篠田正浩「黒子の発想」(前掲)、二一八〜二一九ページ。
17——篠田正浩「心中天網島考」(前掲)。
18——篠田正浩「映像がつくる空間——言語」(『白井晟一研究』1、一九七八・三、前掲『闇の中の安息』)、一九〜二〇ページ。
19——篠田正浩『私が生きたふたつの「日本」』(二〇〇三・六、五月書房)、八五ページ。
20——穂積以貫『難波みやげ』(守随憲治・大久保忠国校注『近松浄瑠璃集』下、日本古典文学大系50、一九五九・八、岩波書店)、三五八〜三五九ページ。
21——小学館出版局『武満徹全集』編集室編『武満徹全集』5(二〇〇四・六、小学館、原文横組)、一五九・一六〇ページ。

22――インタビュー「篠田正浩・自伝と自作を語る」（前掲）では、「テープを」聴いたとしている（九九ページ）。
23――『私が生きたふたつの「日本」』（前掲）、『日本語の語法で撮りたい』（前掲）などによる。なお篠田の第一作は『恋の片道切符』（一九六〇）。
24――インタビュー「篠田正浩・自伝と自作を語る」（前掲）一〇〇ページ。
25――富岡多恵子「『心中天網島』と私」（前掲『世界の映画作家』10）、および「みちゆき勝手解釈――心中天網島」（『文芸展望』20、一九七八・一、『近松浄瑠璃私考』、一九七九・一、筑摩書房、『富岡多恵子集』7、一九九八・一二、同）。
26――小学館出版局『武満徹全集』編集室編『武満徹全集』3（二〇〇三・四、小学館、原文横組）、二二四ページ。なお、武満は「義太夫の世界」（『世界』一九六五・一）で豊竹山城少掾・竹本綱大夫と鼎談し、「日本の音楽――とくに義太夫節のもっている独特の力、それをヨーロッパの楽器を使ってでもいかしたい」と述べている（『ひとつの音に世界を聴く』、一九七五・一〇、晶文社、二六ページ）。
27――『武満徹全集』3（前掲）、二二四ページ。
28――楢崎洋子『作曲家◎人と作品　武満徹』（二〇〇五・九、音楽之友社）、九四ページ。
29――同右、九五ページ。
30――篠田正浩『日本語の語法で撮りたい』（前掲）、一五三～一五四ページ。
31――おかむら良『地獄の上の花見かな「日本人とは何か」を追い続けた映画監督・篠田正浩の映像世界』（二〇〇三・六、光文社）、一〇四～一〇五ページ。
32――粟津潔「死とドラマのデザイン」（『デザイン批評』9、一九六九・六、風土社、『デザインになにができるか』、一九六九・七、田畑書店）、二二一～二二二ページ。

33――おかむら良『地獄の上の花見かな』(前掲)、戸板康二「映画心中天網島」(『悲劇喜劇』一九六九・七)による。

34――以下の説明は、クロード・レヴィ＝ストロース「具体の科学」(『野生の思考』、一九六二、大橋保夫訳、一九七六・三、みすず書房)、二二一〜三八ページによる。

35――大島渚・篠田正浩「映画をつくるという戦い」(『キネマ旬報』一九六九・七および『新婦人』一九六九・五、前掲『心中天網島』、二六六〜二六七ページ)。

36――児玉竜一「人形浄瑠璃と映画――語り物の映像化」(前掲)、一一八ページ。

37――河竹登志夫『演劇概論』(一九七八・七、東京大学出版会)、六四〜六五ページ。

38――ルドルフ・アルンハイム『芸術としての映画』(一九五八、志賀信夫訳、一九六〇・六、みすず書房)。

39――関根弘はこの映画を、「映画と演劇の混合」「混合芸術」「綜合芸術」と呼び、ゴダールを引き合いに出している(久保・関根・廣末「鼎談　既成ジャンルからの脱出」前掲)。

40――ヴィクトル・シクロフスキー「手法としての芸術」(一九一七、『散文の理論』、水野忠夫訳、一九八二・四、せりか書房)。

41――関根弘も「これは演劇だぞと常に意識させる黒子がいて」と述べている(久保・関根・廣末「鼎談　既成ジャンルからの脱出」前掲)。

42――戸板康二「映画心中天網島」(前掲)。

43――久保・関根・廣末「鼎談　既成ジャンルからの脱出」(前掲)。

44――同右。

45――粟津潔『デザインになにができるか』(前掲)、戸板康二「映画心中天網島」(前掲)。

46――信多純一「近松作品解釈の問題点　『心中天の網島』」(『近松の世界』、一九九一・七、平凡社)。

47――ドナルド・リチー「篠田正浩の〝心中天網島〟」(前掲)。
48――『カリガリ博士』には、映像に文字が重ねられるショットも見られる。
49――粟津潔『デザインになにができるか』(前掲)。
50――同右。
51――源了圓『義理と人情――日本的心情の一考察』(一九六九・六、中公新書、二〇一三・七、中公文庫)、一五九・一七三ページ。
52――人妻と遊女との関わりを問題とする作品としては、『心中筒井筒』など複数が挙げられている。白川勝『近松浄瑠璃の研究』(一九九三・九、風間書房)などを参照。
53――廣末保『心中天の網島』(一九八三・三、岩波書店、『廣末保著作集』9、二〇〇〇・七、影書房)、一二五ページ。傍点原文。
54――鳥越文蔵『虚実の慰み　近松門左衛門』(日本の作家28、一九八九・三、新典社)、一六三～一六四ページ。
55――篠田正浩「心中天網島考」(前掲)。
56――富岡多恵子「みちゆき勝手解釈」(前掲)。
57――藤田洋編『文楽ハンドブック』(前掲)、五〇ページ。
58――近松文学に「家の悲劇」を見て取る白川勝は、「本作は、夫の放蕩による家の崩壊劇の一面を持っている。おさんは[……]『女どしのぎり』により、自らをこの家の崩壊に殉じさせたのである」と述べている(『近松浄瑠璃の研究』、一九九三・九、風間書房、五三八ページ)。
59――中村三春「太宰治の異性装文体――『おさん』のために」(『花のフラクタル　20世紀日本前衛小説研究』、二〇一二・一、翰林書房)参照。

60――尾崎宏次「作品研究　心中天網島」（前掲『アートシアター』68）、虫明亜呂無「誘いあう鬼とへび――心中天網島」（『映画評論』一九六九・七）。

61――秋山邦晴「日本映画音楽史を形作る人々63　篠田正浩　その4」（『キネマ旬報』741、一九七八・八・一五、対談「私にとって映画音楽とは何か」、前掲『闇の中の安息』）、二一〇ページ。

62――篠田正浩・武満徹・富岡多恵子「心中天網島」（前掲『アートシアター』68、のち前掲『心中天網島』）、四二～四四ページ。

63――廣末保『心中天の網島』（前掲）、一七二～一七三ページ。

64――阿部嘉昭『北野武vsビートたけし』（リュミエール叢書17、一九九四・八、筑摩書房）参照。

65――重友毅『近松の研究』（前掲）、三二四・三三六ページ。傍点原文。

66――ドナルド・キーン『文楽』（吉田健一訳、一九六六、講談社、『能・文楽・歌舞伎』、二〇〇一・五、講談社学術文庫）、三〇〇ページ。

第八章　混血する表象――トニー・オウ監督『南京の基督』

1――ロラン・バルトの写真論『明るい部屋』（花輪光訳、一九八五・六、みすず書房）では、問題となる「刺し傷」プンクトゥム（punctum）は、「一般的関心」としての定常状態を指すストゥディウム（studium）と対照される。この概念は、写真だけでなく表象テクスト一般にも適用できると考えられる。

2――ブロックバスターは、D・W・グリフィスの頃からハリウッドで採用された製作方式。巨大資本の投下によって巨大収益の確保を狙うもの。現代では様々な方式の低予算映画も広く製作されている。

3――加藤幹郎『映画のメロドラマ的想像力』（一九八八・一、フィルムアート社）によれば、メロドラマは「過剰なる感情のための過剰なる形式」であり、「要するに、メロドラマとは観客とヒロインとのあいだ

だけでの感情の奔流のゲームであり、観客はヒロインと同じ量の涙を流しさえすれば、それで楽しく映画館を後にすることができるわけである」という（九一〜九二ページ）。加藤幹郎『愛と偶然の修辞学』（一九九〇・五、勁草書房）および『映画ジャンル論――ハリウッド的快楽のスタイル』（一九九六・七、平凡社）も参照。

4――浅沼圭司『映ろひと戯れ――定家を読む』（前掲）、一三〇ページ。

5――「南京の基督」の先行研究の多くに目を通したが、本稿でそれらにまったく触れていない不備は、単に論旨の都合による。

6――おかだえみこ「『南京の基督』作品評――日中逆転の配役と、脚色も新鮮な芥川文学の映画化」（『キネマ旬報』一九九五・一二下旬）参照。

7――トニー・オウ監督は一九五四年、中国広東省生まれ。一歳の時に香港に移住。ファッション・デザイナーとして働いた後、ロンドン・フィルム・スクールで映画を学び、八〇年に映画界入りした。『望郷／ボートピープル』（一九八二）などの美術監督を務め、八三年に監督デビュー。以下、『中華電影完全データブック』（『キネマ旬報』一九九七・一一臨時増刊）等を参照。

8――レオン・カーフェイは、一九五八年、香港生まれ。雑誌編集者をした後、八四年の『西太后』でデビュー。九二年のフランス映画、ジャンジャック・アノー監督『愛人／ラマン』で主演し、一躍注目されることになった。

9――富田靖子は一九六九年、福岡県生まれ。八三年の『アイコ十六歳』で映画デビュー、『さびしんぼう』『あ・うん』などの映画、つかこうへい『飛龍伝』などの舞台、その他多くのＴＶドラマに出演している。

10――芥川のテクストから映画への引用の例として、「その名画がどう云ふ訳か、今の内に急いで見て置かないと、霧のやうに消えてでもしまひさうな、迷信じみた気もちがしたのださうです」（「秋山図」）、「あ

らゆる神の属性中、最も神の為に同情するのは神には自殺の出来ないことである」(「侏儒の言葉」)、「唯何だかお父さんが死んでしまひさうな気がしたものですから」「誰か僕の眠つてゐるうちにそつと絞め殺してくれるものはないか?」(「歯車」)、「彼は走つてゐる小蒸汽の窓から向う島の桜を眺めてゐた。花を盛つた桜は彼の目には一列の襤褸のやうに憂鬱だつた」「二台の人力車はその間に磯臭い墓地の外へ通りかかつた。蠣殻のついた麁朶垣の中には石塔が幾つも黒んでゐた」「神の兵卒たちは己をつかまへに来る」(「或る阿呆の一生」)、「若しこの人生の戦ひに破れし時には汝らの父の如く自殺せよ」(「遺書」)などを挙げられる。脚本家ジョイス・チャンは「熱烈な芥川ファン」であるということである(おかだえみこ「『南京の基督』作品評」前掲)。

11――横森文によるインタビュー(前掲『キネマ旬報』一九九五・一二下旬)。

12――なお、現実に黒髪や非白人系の西洋人・亜米利加人が大勢存在することは言うまでもない。また当然ながら、姓名は両親いずれの国籍とも直結しない。これらの推測は、あくまでもこの小説と映画から特定の解釈の結果として析出されるイメージでしかない。現実の混血一般について何かを主張する意思はない。

13――「秦淮の一夜」と表記されている。

14――横森文によるインタビュー(前掲『キネマ旬報』)。

15――『キネマ旬報』(一九九六・二下旬)参照。

展望　第二次テクスト理論の国際的射程――映画『神の子どもたちはみな踊る』と『薬指の標本』

1――詳細は中村三春『新編　言葉の意志　有島武郎と芸術史的転回』(前掲)参照。

2――中村三春『係争中の主体　漱石・太宰・賢治』(二〇〇六・二、翰林書房)参照。

3――中村三春「係争中の主体――論述のためのミニマ・モラリア」(前掲『係争中の主体 漱石・太宰・賢治』)、一六ページ。

4――中村三春「はじめに――ジャンルと〈変異〉」(『〈変異する〉日本現代小説』、二〇一三・二、ひつじ書房、viページ) 参照。

5――本書第一章「〈原作〉の記号学――『羅生門』『浮雲』『夫婦善哉』など」参照。

6――中村三春「立原道造のNachdichtung」(前掲『フィクションの機構』)。

7――中村三春「序説・太宰的テクストと聖書――『風の便り』以前以後」(『季刊iichiko』131、二〇一六・七)、「太宰治――第二次テクスト『新ハムレット』」「村上春樹――〈危機〉の作家」(前掲『フィクションの機構2』)、「太宰・ヴィヨン・神――太宰治『ヴィヨンの妻』」(前掲『物語の論理学――近代文芸論集』)、「太宰治の異性装文体――『おさん』のために」(前掲)。

8――ジョージ・スタイナー『バベルの後に』下(一九七五・一九九二、亀山健吉訳、二〇〇六・六、法政大学出版局)、九〇四ページ。

9――リンダ・ハッチオン『アダプテーションの理論』(二〇〇六、片渕悦久・鴨川啓信・武田雅史訳、二〇一二・四、晃洋書房)、二〇~二二ページ。またリンダ・ハッチオン『パロディの理論』(一九八五、辻麻子訳、一九九三・三、未来社) も参照。

10――ローマーン・ヤーコブソン「翻訳の言語学的側面について」(川本茂雄監訳『一般言語学』、一九七三・三、みすず書房)、五七~五八ページ。傍線原文、原文横組。

11――本書序説「文芸の様式と映画の特性――豊田四郎監督『雪国』」参照。

12――ロラン・バルト「作者の死」(一九六八、花輪光訳、『物語の構造分析』、一九七九・一一、みすず書房)、八六~八七ページ。

13——ジャック・デリダ『根源の彼方に——グラマトロジーについて』下（一九六七、足立和浩訳、一九八二・一一、現代思潮社）、三六ページ。

14——酒井直樹『日本思想という問題——翻訳と主体』（一九九七・三、二〇一二・一〇、岩波書店）、一二ページ。

15——酒井直樹『死産される日本語・日本人——「日本」の歴史―地政的配置』（一九九六・五、新曜社）、一七一〜一七二ページ。

16——中村三春「闇と光の虚構学——谷崎潤一郎『陰翳礼讃』」（前掲『物語の論理学——近代文芸論集』）参照。

17——ベネディクト・アンダーソン『想像の共同体——ナショナリズムの起源と流行』（一九八三、白石隆・白石さや訳、一九八七・一二、リブロポート、『定本想像の共同体』、二〇〇七・七、書籍工房早山）。

18——詳細は本書序説「文芸の様式と映画の特性——豊田四郎監督『雪国』」参照。

19——酒井直樹『日本思想という問題——翻訳と主体』（前掲）、五五ページ。

20——同右、五六〜五八ページ。

21——酒井直樹『過去の声——一八世紀日本の言説における言語の地位』（二〇〇二・六、以文社）、一五七ページ。

22——同右。

23——同右。

24——「美学の目的は、感性的認識のそれとしての完全性である。然るにこの完全性とは美である。そして、それのそれとしての不完全性を避けねばならない。然るにこの不完全性とは醜である」（A・G・バウムガルテン『美学』§一四、一七五〇、松尾大訳、一九八七・一二、玉川大学出版局、二〇ページ）。

25——テオドール・W・アドルノ「一致と意味」（『美の理論』、一九七〇、大久保健治訳、一九八五・一、河

出書房新社）、二五一ページ。

26――テオドール・W・アドルノ『否定弁証法』（一九六六、木田元・徳永恂・渡辺祐邦・三島憲一・須田朗・宮武昭訳、一九九六・六、作品社）。

27――ジャック・デリダ『たった一つの、私のものではない言葉――他者の単一言語使用』（一九九六、守中高明訳、二〇〇一・五、岩波書店）、四六ページ。

28――柳父章『近代日本語の思想――翻訳文体成立事情』（二〇〇四・一一、法政大学出版局）などを参照。

29――山口治彦『明晰な引用、しなやかな引用――話法の日英対照研究』（二〇〇九・一二、くろしお出版）。

30――詳細は中村三春「虚構論と文体論――近代小説と自由間接表現」（前掲『フィクションの機構2』）参照。

31――「一、世界文学とは、諸国民文学を楕円状に屈折させたものである。／二、世界文学とは、翻訳を通して豊かになる作品である。／三、世界文学とは、正典のテクスト一式ではなく、一つの読みのモード、すなわち、自分がいまいる場所と時間を越えた世界に、一定の距離をとりつつ対峙するという方法である。」（デイヴィッド・ダムロッシュ『世界文学とは何か？』、二〇〇三、秋草俊一郎・奥彩子・桐山大介・小松真帆・平塚隼介・山辺弦訳、沼野充義解説、二〇一一・四、国書刊行会、四三二ページ）。

32――同右、四四二～四四三ページ。

33――沼野充義「新しい世界文学に向けて」（柴田元幸・沼野充義・藤井省三・四方田犬彦編『世界は村上春樹をどう読むか』、二〇〇六・一〇、文藝春秋）。

34――同右、二三八～二三九ページ。

35――三浦玲一『村上春樹とポストモダン・ジャパン――グローバル化の文化と文学』（二〇一四・三、彩流社、一三～一五ページ）。

36――同右、一三ページ。

37——同右、一五ページ。
38——同右、一一ページ。
39——ジョナサン・カラー『文学と文学理論』（二〇〇七、折島正司訳、二〇一一・九、岩波書店）、九二ページ。
40——国際交流基金ホームページ「日本文学翻訳書誌検索」による（二〇一七年一二月四日現在）。
41——村上春樹・柴田元幸『翻訳夜話』（二〇〇〇・一〇、文春新書）、一一一ページ。
42——パトリック・オニール『言説のフィクション——ポスト・モダンのナラトロジー』（一九九四、遠藤健一監訳、小野寺進・高橋了治訳、二〇〇一・二、松柏社）、一九〇ページ。
43——村上春樹・柴田元幸『翻訳夜話』（前掲）、一九ページ。
44——村上春樹「翻訳すること、翻訳されること」（『国際交流』73、一九九六・一〇、『雑文集』、二〇一一・一、新潮社）、二二六ページ。
45——村上春樹・柴田元幸『翻訳夜話』（前掲）、八四ページ。
46——四方田犬彦「村上春樹と映画」（前掲『世界は村上春樹をどう読むか』）、および「韓流ノルウェイのできるまで」（『ユリイカ』二〇一〇・一臨時増刊）。
47——村上春樹「神の子どもたちはみな踊る」は『新潮』（一九九九・一〇）に初出、短編集『神の子どもたちはみな踊る』（二〇〇〇・二、新潮社）に初収、のち『村上春樹全作品1990~2000』3（二〇〇三・三、講談社）に収録。
48——Haruki MURAKAMI, *All God's Children Can Dance*, tranlated by Jay RUBIN, *After the Quake*, Vintage Books, 2003.
49——「神の子どもたちはみな踊る」についての基本的な分析は、中村三春「村上春樹——〈危機〉の作家」

（前掲『フィクションの機構2』）参照。

50——村上春樹「神の子どもたちはみな踊る」（前掲『村上春樹全作品1990～2000』3）、一七〇～一七二ページ。

51——中村三春「物語　第二次テクスト　翻訳——村上春樹の英訳短編小説」（前掲『フィクションの機構2』）。

52——*All God's Children Can Dance*, op.cit., p.57.

53——*All God's Children Can Dance*, op.cit., p.47.

54——以上の科白は聴き取りによる。

55——加藤典洋『村上春樹イエローページ3』（二〇〇四・五、荒地出版社）、のち『村上春樹イエローページ〈PART2〉』（二〇〇九・一〇、幻冬舎文庫）、二〇〇～二〇一ページ脚注。なお加藤は同書において、ジョン・アーヴィングの『ガープの世界』（一九八二）との関連も指摘している。

56——村上春樹「『カーヴァー・カントリー』を描くロバート・アルトマンの迷宮映画」（『本』一九九二・八～一九九三・一一、『やがて哀しき外国語』、一九九四・二、講談社）、一九六～一九八ページ。

57——全一七六件のうちフランス語七五件、英語・ドイツ語はともに一六件。数字はいずれも同一作品の重複を含む。国際交流基金ホームページ「日本文学翻訳書誌検索」による（二〇一七年一二月四日現在）。

58——Yoko OGAWA, *Hôtel iris*, traduit par Rose-Marie MAKINO, *Œuvres tome I*, Actes Sud, 2009.

59——小川洋子「薬指の標本」（『新潮』一九九二・七、『薬指の標本』、一九九四・一〇、新潮社、のち一九九八・一、新潮文庫）、六七～六八ページ。

60——Au moment où j'esquissais une enjambée vers la machine en portant la casse, sa jambe a traversé mon champ de vision, j'ai fait un faux pas, laissé tomber la casse. Les caractères se sont éparpillés sur le sol. [.....]

Mais, en fait, il y en avait un nombre incalculable. C'était comme si tous les mots répertoriés dans le

dictionnaire s'étaient retrouvés en vrac sur le sol. Je suis restée un instant immobile, me retrouvant à genoux après ma culbute.

— Il va falloir ramasser, m'a-t-il dit.

（Yoko OGAWA, *L'annulaire*, traduit par Rose-Marie MAKINO, *Œuvres tome I*, op.cit., p.472.）

61 ——登場する活字とそれに対応するフランス語は次の通りである（数字は活字番号とされる）。SPLENDIDE／麗（56—89）、SUCRE／糖、AMOUR／憂、NU／ぬ、FLEUR／華、CRISTAL／晶、RIVAGE／渚（23—78）。

62 ——山﨑眞紀子「小川洋子　年譜」（高根沢紀子編『現代女性作家読本②　小川洋子』、二〇〇五・一一、鼎書房）、一五八ページ。

63 ——石原藤夫「ワープロの祖　和文タイプを創った杉本京太——第一回日本十大発明家の一人」（『発明特許の日本史——礎石を築いた高橋是清と高峰譲吉の人生』、二〇〇八・四、栄光出版社）参照。同書によれば、杉本京太は特許を得た後、日本書字機商会、ついで日本タイプライター株式会社を創立し、「昭和三十年代の記録によると、この会社は日本の和文タイプライターの九十パーセントを生産し、述べ台数は二十万台以上に達していた。また杉本は、数十万人もの和文タイピストを養成して、女性の職業開拓に大きな貢献をした」（六三四ページ）。

64 ——和文タイプライティングは、かつて高等学校商業科の学習指導要領に、英文タイプライティングとともに記載されていたが、一九九〇年代初頭までで廃止された（英文タイプライティングも二〇〇〇年代に入ると廃止された）。その教科書である林武・福井照重編『和文タイプライティング　新訂版』（一九八八・一、実教出版）、および日本タイプ教育研究会編『最新和文タイプライティング』（第五版、一九八八・二、愛育出版）によれば、和文タイプライターの構造は、機械全体の土台となるフレーム、活字を

収容する文字盤、印字を行うメカニズムである機構部、それに用紙を巻くプラテン部から成る。一般文書用の外、戸籍・登記・宛名などの作成に特化された特殊文書用もあった。文字はその使用頻度から一級・二級・三級と分かれ、一級は文字盤の中央に、二級・三級は二つに分けてこの順に文字盤の左右に配置された。文字の総数は、『和文タイプライティング　新訂版』（一〇ページ）によれば二二〇一、予備の文字も数えている『最新和文タイプライティング』（一二ページ）によれば三〇五九である。

65――小川洋子「バタフライ和文タイプ事務所」（『海』二〇〇六・一〇、新潮社、二〇〇九・三、新潮文庫）、八〇ページ。

66――ただし、原作では「一面をおおっているブルーのタイルは所々に濃淡があり、よく見るとそれが蝶々の模様になっていた」（小川洋子「薬指の標本」前掲、三二ページ）とあるが、映画ではごく一部の壁面だけである。

67――具体例としては次のような箇所がある。

私は盤から一つ、活字を抜き取りました。膣、です。そしてドライバーの先で、膣のつくりの横棒の一本を削り落としました。　（小川洋子「バタフライ和文タイプ事務所」、前掲、七七ページ）

J'ai sorti un caractère chinois de la casse. Celui de "chitsu" 膣, "vagin". Et avec le bout d'un tournevis, j'ai gratté l'un des traits horizontaux de sa partie droite.

(Yoko OGAWA, *Le Bureau de dactylographie japonaise Butterfly*, traduit par Rose-Marie MAKINO-FAYOLLE, *Œuvres tome II*, Actes Sud, 2014, p.1073)

68――「映画化にあたり　世界観を／守ることに気を配りました／彼女が原作の中に構築したすばらしい世界を／壊したくなかったんです」（「ディアーヌ監督来日時インタビュー」、ＤＶＤ『薬指の標本』スタイルジャム、ハピネット、字幕）。

69――「そうですね、あのう、こう自分が日本語で書いた、書いていた小説のそのイメージ、自分の頭の中だけに最初あったイメージが、こんなふうに映像に再現されているっていうことを発見して、すごいこう、驚きと喜びに打たれて、あの言葉の壁ってのが全然なくて、自分のこう、小説に対する思いが、そのまま監督の心にも届いていたんだなあっていうことが分かって、あの、たいへんうれしく思いました。」(「原作　小川洋子インタビュー」、DVD『薬指の標本』前掲、聴き取り)。

70――中村三春「小川洋子と『アンネの日記』――『薬指の標本』『ホテル・アイリス』『猫を抱いて象と泳ぐ』など」(『北海道大学大学院文学研究科紀要』149、二〇一六・七)。

71――詳細は中村三春『新編　言葉の意志　有島武郎と芸術史的転回』(前掲)参照。

72――小川洋子「盗作を続ける」(初出『毎日新聞』二〇〇八・六・一〇～二〇一二・三・一四、初収『とにかく散歩いたしましょう』、二〇一二・七、毎日新聞社、のち二〇一五・七、文春文庫)、四二～四三ページ。

●対象映画作品の概略

※本文における言及順に、主な映画作品のみにつき、簡略に記載した。

インデックス

① 『雪国』（一九五七）
② 『雪国』（一九六五）
③ 『羅生門』
④ 『浮雲』
⑤ 『夫婦善哉』
⑥ 『雨月物語』
⑦ 『近松物語』
⑧ 『楢山節考』（一九五八）
⑨ 『楢山節考』（一九八三）
⑩ 『笛吹川』
⑪ 『青い山脈』
⑫ 『また逢う日まで』
⑬ 『にごりえ』

⑭『山びこ学校』
⑮『夜の鼓』
⑯『或る女』
⑰『心中天網島』
⑱『南京の基督』（*The Christ of Nanjing*）
⑲『神の子どもたちはみな踊る』（*All God's Children Can Dance*）
⑳『薬指の標本』（*L'annulaire*）

---

①『雪国』（一九五七）
・フィルム　東宝／一九五七年四月二七日公開／一三三分
・原作　川端康成『雪国』（書誌は序説「文芸の様式と映画の特性」注7を参照のこと）
・スタッフ　監督＝豊田四郎／脚本＝八住利雄／製作＝佐藤一郎／撮影＝安本淳／美術＝伊藤熹朔、園眞／音楽＝芥川也寸志
・キャスト　池部良（島村）／岸惠子（駒子）／八千草薫（葉子）ほか

②『雪国』（一九六五）
・フィルム　松竹大船／一九六五年四月一〇日公開／一一三分
・原作　川端康成『雪国』（書誌は序説「文芸の様式と映画の特性」注7を参照のこと）

・スタッフ　監督＝大庭秀雄／脚本＝斎藤良輔・大庭秀雄／製作＝山内静夫／撮影＝成島東一郎／美術＝芳野尹孝／音楽＝山本直純
・キャスト　木村功（島村）／岩下志麻（駒子）／加賀まりこ（葉子）ほか

③『羅生門』
・フィルム　大映／一九五〇年八月二六日公開／八八分
・原作　芥川龍之介「藪の中」（『新潮』一九二二・一）、「羅生門」（『帝国文学』一九一五・一一）
・スタッフ　監督＝黒澤明／脚本＝黒澤明・橋本忍／撮影＝宮川一夫／音楽＝早坂文雄
・キャスト　三船敏郎（多襄丸）／京マチ子（真砂）／森雅之（武弘）／志村喬（杣売）ほか

④『浮雲』
・フィルム　東宝／一九五五年一月一五日公開／一二三分
・原作　林芙美子『浮雲』（一九五一・四、六興出版社）
・スタッフ　監督＝成瀬巳喜男／脚本＝水木洋子／製作＝藤本真澄／撮影＝玉井正夫／音楽＝斉藤一郎
・キャスト　高峰秀子（ゆき子）／森雅之（富岡）ほか

⑤『夫婦善哉』
・フィルム　東宝／一九五五年九月一三日公開／一二〇分
・原作　織田作之助『夫婦善哉』（『海風』一九四〇・四）
・スタッフ　監督＝豊田四郎／脚本＝八住利雄／製作＝佐藤一郎／撮影＝三浦光雄／音楽＝團伊玖磨

・キャスト　森繁久彌（柳吉）／淡島千景（蝶子）ほか

⑥『**雨月物語**』

・フィルム　大映京都／一九五三年三月二六日公開／九六分

・原作　上田秋成『雨月物語』（明和五・一七六八成立、安永五・一七七六刊）より「浅茅が宿」「蛇性の婬」

・スタッフ　監督＝溝口健二／脚本＝川口松太郎・依田義賢／製作＝永田雅一／撮影＝宮川一夫／音楽＝早坂文雄

・キャスト　田中絹代（宮木）、京マチ子（若狭）、森雅之（源十郎）、水戸光子（阿浜）、小沢栄（藤兵衛）、毛利菊江（右近）ほか

⑦『**近松物語**』

・フィルム　大映京都／一九五四年一一月二三日公開／一〇二分

・原作　近松門左衛門『大経師昔暦』（正徳五・一七一五）、井原西鶴『好色五人女』巻三「中段に見る暦屋物語」（貞享三・一六八六）

・スタッフ　監督＝溝口健二／脚本＝依田義賢／製作＝永田雅一／撮影＝宮川一夫／音楽＝早坂文雄

・キャスト　香川京子（おさん）／長谷川一夫（茂兵衛）／南田洋子（お玉）／進藤英太郎（以春）／小沢栄（助右衛門）／田中春男（道喜）／石黒達也（以三）／おこう（浪花千栄子）／赤松梅龍（東良之助）／菅井一郎（源兵衛）ほか

⑧『**楢山節考**』（**一九五八**）

・フィルム　松竹大船／一九五八年六月一日公開／九八分

・原作　深沢七郎『楢山節考』（『中央公論』一九五六・一一）
・スタッフ　監督・脚本＝木下恵介／製作＝小梶正治／撮影＝楠田浩之／美術＝伊藤熹朔／音楽＝野沢松之輔
・キャスト　田中絹代（おりん）／高橋貞二（辰平）／望月優子（玉やん）／宮口精二（又やん）ほか

⑨『楢山節考』（一九八三）

・フィルム　東映・今村プロダクション／一九八三年四月二九日公開／一三一分
・原作　深沢七郎『楢山節考』（『中央公論』一九五六・一一）
・スタッフ　監督・脚本＝今村昌平／製作＝友田二郎／撮影＝栃沢正夫／美術＝芳野尹孝／音楽＝池辺晋一郎
・キャスト　坂本スミ子（おりん）／緒形拳（辰平）／あき竹城（玉やん）／辰巳柳太郎（又やん）ほか

⑩『笛吹川』

・フィルム　松竹大船／一九六〇年一〇月一九日公開／一一七分
・原作　深沢七郎『笛吹川』（一九五八・四、中央公論社）
・スタッフ　監督・脚本＝木下恵介／製作＝細谷辰雄／撮影＝楠田浩之／美術＝伊藤熹朔・江崎孝坪／音楽＝木下忠司
・キャスト　田村高廣（定平）／高峰秀子（おけい）／市川染五郎（惣蔵）ほか

⑪『青い山脈』

・フィルム　藤本プロダクション・東宝／前編＝一九四九年七月一九日公開／後編＝同年七月二六日公開／一八一分

・原作　石坂洋次郎『青い山脈』（『朝日新聞』一九四七・六・九～一〇・四、一九四七・一二、新潮社）
・スタッフ　監督＝今井正／脚本＝今井正・井出俊郎／製作＝藤本真澄／撮影＝中井朝一／美術＝松山崇／音楽＝服部良一
・キャスト　原節子（島崎雪子）・池部良（金谷六助）・杉葉子（寺沢新子）・伊豆肇（ガンちゃん）・龍崎一郎（沼田玉雄）・木暮実千代（梅太郎）・若山セツコ（笹井和子）

⑫『また逢う日まで』
・フィルム　東宝／一九五〇年三月二一日公開／一一一分
・原作　ロマン・ロラン『ピエールとリュース』（*Pierre et Luce*、一九二〇）
・スタッフ　監督＝今井正／脚本＝水木洋子・八住利雄／製作＝坂上静翁／撮影＝中尾駿一郎／美術＝河東安英／音楽＝大木正夫
・キャスト　久我美子（小野螢子）／杉村春子（小野すが）／岡田英次（田島三郎）／滝沢修（田島英作）／河野秋武（田島二郎）／風見章子（田島正子）ほか

⑬『にごりえ』
・フィルム　文学座・新世紀映画社／配給＝松竹／一九五三年一一月二三日公開／一三〇分
・原作　樋口一葉「十三夜」（『文芸倶楽部』一八九五・一二）、「大つごもり」（『文学界』一八九四・一二）、「にごりえ」（『文芸倶楽部』一八九五・九）
・スタッフ　監督＝今井正／脚本＝水木洋子／製作＝伊藤武郎／撮影＝中尾駿一郎／美術＝平川透徹／音楽＝團伊久磨

・キャスト　第一話「十三夜」　丹阿弥谷津子（原田せき）／三津田健（父）／田村秋子（母）／芥川比呂志（車夫高坂録之助）
第二話「大つごもり」　久我美子（みね）／中村伸郎（叔父）／荒木道子（叔母）／河原崎二郎（従弟）／竜岡晋（山村嘉兵衛）／長岡輝子（後妻）／先妻の息子（中谷昇）
第三話「にごりえ」　淡島千景（お力）／山村聡（結城朝之助）／宮口精二（源七）／杉村春子（お初）

⑭『**山びこ学校**』
・**フィルム**　八木プロ・日本教職員組合／一九五二年五月一日公開／一〇五分
・**原作**　無着成恭編『山びこ学校』（一九五一・三、青銅社）
・**スタッフ**　監督＝今井正／脚本＝八木保太郎／製作＝若山一夫・戸田金作・浅野正孝／撮影＝伊藤武夫／録音＝岡崎三千雄／美術＝川島泰造／音楽＝大木正夫
・**キャスト**　木村功（無着成恭）／滝沢修（父）／北林谷栄（母）／丹阿弥谷津子（妹）／岡田英次（須村先生）／杉葉子（磯部先生）／金子信雄（田口先生）／西村晃（新田先生）／東野英治郎（英雄の祖父）／殿山泰司（晃の父）／山形県山元中学校、東京少年劇団、東京都豊島中学校演劇班、赤羽中学校演劇班

⑮『**夜の鼓**』
・**フィルム**　現代ぷろだくしょん／配給＝松竹／一九五八年四月一五日公開／九五分
・**原作**　近松門左衛門『堀川波鼓』（宝永四・一七〇七）
・**スタッフ**　監督＝今井正／脚本＝橋本忍・新藤兼人／製作＝山田典吾／撮影＝中尾駿一郎／美術＝水谷浩／音楽＝伊福部昭

・キャスト　三國連太郎（小倉彦九郎）／有馬稲子（お種）／雪代敬子（お藤）／殿山泰司（政山三五平）／日高澄子（おゆら）／毛利菊江（菊）／森雅之（宮地源右衛門）／奈良岡朋子（おりん）／中村吉右衛門（小倉文六）／金子信雄（磯部床右衛門）／東野栄治郎（黒川又左右衛門）／夏川静江（なか）

⑯『或る女』

・フィルム　大映東京／一九五四年三月一三日公開／一二八分
・原作　有島武郎『或る女』（一九一九・三、六、叢文閣）
・スタッフ　監督＝豊田四郎／脚本＝八住利雄／撮影＝峰重義／美術＝木村威夫／音楽＝團伊玖磨
・キャスト　京マチ子（早月葉子）／森雅之（倉地三吉）／船越英二（木村貞一）／芥川比呂志（木部孤笻）／若尾文子（早月愛子）／夏川静江（早月親佐）／沼田曜一（岡義夫）／信欣三（内田牧師）／滝花久子（内田の妻）／長岡輝子（五十川女史）／浦辺粂子（婆や）／小田切みき（つや）

⑰『心中天網島』

・フィルム　表現社・ATG／一九六九年五月二四日公開／一〇三分
・原作　近松門左衛門『心中天の網島』（享保五・一七二〇）
・スタッフ　監督＝篠田正浩／脚色＝富岡多恵子・武満徹・篠田正浩／製作＝中島正幸・篠田正浩／撮影＝成島東一郎／美術＝粟津潔／音楽＝武満徹
・キャスト　岩下志麻（おさん・小春二役）／中村吉右衛門（治兵衛）／小松方正（太兵衛）／滝田裕介（孫右衛門）／藤原釜足（大和屋）／加藤嘉（五左衛門）／河原崎しづ江（おさんの母）／左時枝（下女お杉）／日高澄子（河庄の女将）／浜村淳（黒衣頭）／天井桟敷（黒衣ら）

⑱『南京の基督』（*The Christ of Nanjing*）

- **フィルム**　香港・日本合作（アミューズ＋ゴールデンハーヴェスト提携作品）／一九九五年一二月九日公開／一〇〇分
- **原作**　芥川龍之介「南京の基督」（『中央公論』一九二〇・七、『夜来の花』、一九二一・三、新潮社）
- **スタッフ**　監督＝トニー・オウ（區丁平）／脚本＝ジョイス・チャン（陳韻文）／製作＝大里洋吉、レオナード・ホウ（何冠昌）／撮影＝ビル・ウォン（黄仲標）／美術＝エディ・マー（馬磐超）／音楽＝梅林茂／日本語字幕／税田春介
- **キャスト**　岡川龍一郎＝レオン・カーフェイ（梁家輝）／金花＝富田靖子／譚永年＝トゥオ・ツォンホワ（庹宗華）／山茶＝ジェシカ・チャウ（鄒静）／藕香院の主人＝ラウ・シュン（劉洵）／小僧＝ユィン・ダッチョウ（阮徳鏘）／外国人＝Marc Cuthberg／岡川の妻＝中村久美／岡川の母＝千原しのぶ

⑲『神の子どもたちはみな踊る』（*All God's Children Can Dance*）

- **フィルム**　二〇〇八年公開／アメリカ／日本公開二〇一〇年一〇月三〇日／八五分
- **原作**　村上春樹「神の子どもたちはみな踊る」（『新潮』一九九九・一〇、『神の子どもたちはみな踊る』、二〇〇〇・二、新潮社）
- **スタッフ**　監督＝ロバート・ログヴァル／脚本＝スコット・コフィー／製作＝スティーヴ・ゴリン、シドニー・キンメル／撮影＝ジョルジョ・スカリ／美術＝ローラ・フォックス／音楽＝ＳＴＳ9、ドラゼン・ボスニヤク
- **キャスト**　ジョアン・チェン（イヴリン）／ジェイソン・リュウ（ケンゴ）／ソーニャ・キンスキー（サンドラ）／ツィ・マー（グレン）ほか

⑳『薬指の標本』（*L'annulaire*）

・フィルム　二〇〇五年公開／フランス／日本公開二〇〇六年九月二三日／一〇〇分

・原作　小川洋子「薬指の標本」（『新潮』一九九二・七、『薬指の標本』、一九九四・一〇、新潮社）

・スタッフ　プロデューサー＝ブフュノ・ベルテミー／監督・脚本＝ディアーヌ・ベルトラン／製作＝ブフュノ・ベルテミー／撮影＝アラン・デュプランティエ／美術＝ティエリー・フランソワ／音楽＝ベス・ギボンス

・キャスト　オルガ・キュリレンコ（イリス）／マルク・バルベ（標本技術士）／スタイプ・エルツェッグ（船員）／エディット・スコブ（二二三号室の婦人）／アンヌ・ブノワ（三〇九号室の婦人）／ハンス・ジッヒラー（ホテルの主人）／ソティギ・クヤテ（靴磨きの老人）／ドリア・アカー（少女）／ルイ・ド・ヴィンター（少年）ほか

あとがき

メインタイトルに「記号学」と銘打ったものの、記号学的な論述に終始することはなく、むしろ副題に「日本文芸の映画的次元」と置いたことからも分かるように、本書は文芸研究の一学徒から見た原作と映画との相関についての研究ということになる。文芸研究もそうだが、映画研究も果てしのない世界であり、真に論じるためにやらなければならない調査・分析は無限に広がっている。その意味では本書は、この分野にようやく半歩ほど、踏み出したばかりの報告に過ぎないのは言うまでもない。

本書に収録した論文はすべて既発表のものであり、また多くの章は、筆者が研究代表者となった二つの科学研究費研究の研究成果によって占められている。すなわち、第Ⅰ部の全四編（第一章～第四章）は、①「一九五〇年代日本映画と日本文学との相関研究」（基盤研究（C）、二〇一〇～二〇一二年度、課題番号22520120）、また序説と第Ⅱ部の第五章～第七章の四編は、これに引き続き行われた②「現代日本映画と日本文学との相関研究――戦後から一九七〇年代までを中心に」（基盤研

究（B）、二〇一三〜二〇一五年度、課題番号25284034）のいずれも共同研究による切磋琢磨の結果である。ここに共同研究の主なメンバーとなった研究分担者の方々のお名前を挙げて、これまでに賜った計り知れない研究協力に対して心から御礼を申し上げたい。①については、米村みゆき・友田義行の両氏、②については、このお二人に加えて、中川成美・志村三代子・横濱雄二・宮本明子の各氏である。

ジブリ・アニメーション研究の米村氏、安部公房映画研究の友田氏とともに、三人で東京駅近くの北海道大学東京オフィスで最初の研究打ち合わせをした日のことが、昨日のことのように思い出される。〝超国際派〟中川氏のご紹介によりパリでワークショップを開くことができたし、〝歩く映画事典〟志村氏からは知識のみならず繰り返し資料のご教示を受けた。メディアミックス論のご専門の通りあらゆる難問を包容・解決してくれた横濱氏、日々東奔西走し丹念に文献の現物を検証する〝映像文献研究〟の宮本氏も含め、各氏の個性豊かな映画研究から受け取った知的刺激は、本書のまさに根幹となっている。また、有島記念館の伊藤大介氏からは、『或る女』の資料を提供していただいた。これらの方々とともに、ここにお名前を挙げることは控えるが、折々の研究会にゲストスピーカーとしておいでいただいた十指に余る研究者の方々にも、同様に感謝の気持ちを抑えられない。未だに、その知的刺激を十分に昇華し得たとはとても言えない。この段階で終わらずに、今後も心に刻んで、共同研究から得たものを成果として表して行きたい。

このうち②の共同研究については、既に中村三春編『映画と文学　交響する想像力』というタイ

トルで、二〇一六年三月に森話社より研究成果を刊行しており、本書序説の『雪国』論は同書に収録した論文を改稿したものである。この『雪国』論は、二〇一四年一〇月二五日にパリの日本文化会館において、志村・宮本・米村各氏らとともに行った国際ワークショップでの口頭発表が初出である。ちょうど同所で川端康成展が開催中ということもあって、多数のパリ市民の方々が参集され盛会であった。その際、日本で苦労して字幕まで作り込んでいったスライドの動画が、システムの関係で上映できなかったことは残念だったが、これももはや思い出の一コマとなっている。このワークショップ以外にも、共同研究のメンバーの尽力によって国内各地で開催した研究会の折々について、忘れられない記憶が溢れるほどあるが、逐一書かない。この『映画と文学　交響する想像力』には、前記の共同研究のメンバーが結集して論考を寄せており、またあとがきでは共同研究の展開についてもやや詳しく記述しているので、本書と併読していただければ幸いである。

残りの第Ⅱ部第八章と「展望」の章は、より国際的な日本文芸と映画との関わりを論じている。このうち第八章の『南京の基督』論は、発表時期が二〇〇二年と他の章に比べて十年ほども遡るが、筆者が本書の問題関心を抱くきっかけとなった論考である。一九九九年七月に仙台文学館で開かれた、日本比較文学会東北支部の談話会において口頭発表した際に、先年、亡くなられた恩師の菊田茂男先生が質問に立ってくださったことが想起される。逆に最も新しい「展望」の章は、二〇一六年六月一一日に青山学院大学で開催された昭和文学会の大会において、特集「〈文学が世界で流通する〉という事態を問う」の一環として口頭発表を行ったものである。特集で講演された、文中で

取り上げている酒井直樹氏の謦咳に接することができ、また村上春樹と小川洋子という、筆者として現今喫緊の課題と思われる研究対象の、映画を介した国際的な流通について考える機会をいただいたことは貴重な体験であった。今後はこのような世界との交流という観点から、文芸の映画的次元について改めて考えて行きたい。

前述の最初の打合せののち、数ヶ月後に設定した第一回の共同研究会は、ちょうど二〇一一年三月一一日の大震災の翌日にあたっていた。地震があった時、私は脚本家水木洋子の調査のため、千葉県市川市に赴いていた。混乱の中を都内に戻り、朝までかかって相互に連絡を試み、声を掛け合って、会場である北海道大学東京オフィスに、私と、当時はゲストスピーカーであった宮本氏、それに何人かの参加者だけが集まった。第Ⅰ部第一章「〈原作〉の記号学」は、そのような状況で口頭発表された。これに象徴されるように、本書の研究は決して波風なしとは言えず、思考の線も一貫した部分と曲折を繰り返している部分がある。文体においてもいわば凹凸が感じられ、論旨も含め決して全一体に統一されているものではない。荒削りなところのある内容であるが、このような研究経過も併せて、本書の提題に関してはどうしても力技となってしまいがちである。弁解ではなく、その凹凸も併せて吟味していただくことを望む。

本書の編集・制作は、新進気鋭、独立したばかりの七月社・西村篤さんにお願いした。前記の『映画と文学　交響する想像力』をはじめ、これまで何冊も一緒に仕事をさせていただいており、出版に関しては高い信頼を寄せているが、むしろ、どう見ても多くの読者を獲得するとは思えない

本書を、その再スタートの皮切りに手掛けていただくのは心苦しい限りである。願わくは、本書が名実ともに高く上る七月社の首途の狼煙となってほしい。

本書の刊行にあたり、北海道大学文学研究科より、平成二九年度一般図書刊行助成を受けた。

二〇一七年九月二四日　雨上がり秋晴れの札幌新川の畔にて

中村三春

◉——初出一覧（原題）

序説「川端康成の文学と映画の特性——豊田四郎監督『雪国』を中心として」（中村三春編『映画と文学 交響する想像力』、二〇一六年三月、森話社）

Ⅰ〈原作現象〉の諸相

第一章「〈原作〉の記号学——『羅生門』『浮雲』『夫婦善哉』など」（『季刊 iichiko』第111集、二〇一一年七月）

第二章「〈原作〉の記号学(2)——溝口健二監督『雨月物語』の《複数原作》と《遡及原作》」（『層 映像と表現』第5号、二〇一二年四月）

第三章「〈原作〉の記号学(3)——溝口健二『近松物語』と古典の近代化の問題」（『層 映像と表現』第6号、二〇一三年四月）

第四章「〈原作〉には刺がある——木下恵介監督『楢山節考』を中心として」（『季刊 iichiko』第117集、二〇一三年三月）

Ⅱ　展開される〈原作〉

第五章「意想外なものの権利——今井正監督の文芸映画『山びこ学校』と『夜の鼓』」（『層　映像と表現』第9号、二〇一六年九月）

第六章「映画から折り返す『或る女』」（『層　映像と表現』第8号、二〇一五年一二月）

第七章「擬古典化《アルカイスム》と前衛性——篠田正浩監督の映画『心中天網島』」（『文学』第15巻第6号、二〇一四年一一月）

第八章「混血する表象——小説「南京の基督」と映画『南京的基督』」（『日本文学』第51巻第11号、二〇〇二年一一月）

展望「第二次テクスト論の射程——『神の子どもたちはみな踊る』と『薬指の標本』における翻訳・原作・流通」（『北海道大学文学研究科紀要』第150号、二〇一六年一二月）

［ま］

［や］

［ら］

［わ］

索 引

［著者略歴］

中村三春（なかむら・みはる）

1958年岩手県釜石市生まれ。東北大学大学院文学研究科博士後期課程中退。博士（文学）。北海道大学大学院文学研究科教授。日本近代文学・比較文学・表象文化論専攻。著書に『フィクションの機構』1・2、『新編 言葉の意志　有島武郎と芸術史的転回』、『修辞的モダニズム』、『〈変異する〉日本現代小説』（以上、ひつじ書房）、『係争中の主体　漱石・太宰・賢治』、『花のフラクタル』、『物語の論理学』（以上、翰林書房）、編著に『映画と文学　交響する想像力』（森話社）など。

〈原作《げんさく》〉の記号学《きごうがく》——日本文芸《にほんぶんげい》の映画的次元《えいがてきじげん》

2018年2月26日　初版第1刷発行

著　者……………………中村三春

発行者……………………西村　篤

発行所……………………株式会社七月社

〒182-0015　東京都調布市八雲台2-24-6

電話・FAX　042-455-1385

印　刷……………………株式会社厚徳社

製　本……………………榎本製本株式会社

Printed in Japan　ISBN 978-4-909544-01-8　C0074